助力乡村振兴
出版计划

【现代农业科技与管理系列】

农产品
包装与
储运技术

主　　编　舒祖菊

副主编　袁　艳　夏业鲍　王华斌

编写人员　李柏良　梅　林　徐支青

时代出版传媒股份有限公司
安徽科学技术出版社

图书在版编目（CIP）数据

农产品包装与储运技术 / 舒祖菊主编. --合肥:安徽科学技术出版社,2022.12(2023.9 重印)
助力乡村振兴出版计划.现代农业科技与管理系列
ISBN 978-7-5337-8631-1

Ⅰ.①农… Ⅱ.①舒… Ⅲ.①农产品-包装 ②农产品-贮藏 ③农产品-运输 Ⅳ.①F762

中国版本图书馆 CIP 数据核字(2022)第 222352 号

农产品包装与储运技术　　　　　　　　　　　　　　　　　　　主编　舒祖菊

出 版 人：王筱文　选题策划：丁凌云　蒋贤骏　余登兵　责任编辑：李梦婷
责任校对：张　枫　责任印制：廖小青　　　　　　　　　装帧设计：王　艳
出版发行：安徽科学技术出版社　　　　http://www.ahstp.net
　　　　　（合肥市政务文化新区翡翠路 1118 号出版传媒广场,邮编:230071）
　　　　　电话：(0551)63533330
印　　制：安徽联众印刷有限公司　　电话:(0551)65661327
（如发现印装质量问题,影响阅读,请与印刷厂商联系调换）

开本：720×1010　1/16　　　　印张：7.25　　　　字数：100 千
版次：2022 年 12 月第 1 版　　印次：2023 年 9 月第 2 次印刷

ISBN 978-7-5337-8631-1　　　　　　　　　　　　定价：30.00 元

出 版 说 明

　　"助力乡村振兴出版计划"(以下简称"本计划")以习近平新时代中国特色社会主义思想为指导,是在全国脱贫攻坚目标任务完成并向全面推进乡村振兴转进的重要历史时刻,由中共安徽省委宣传部主持实施的一项重点出版项目。

　　本计划以服务乡村振兴事业为出版定位,围绕乡村产业振兴、人才振兴、文化振兴、生态振兴和组织振兴展开,由《现代种植业实用技术》《现代养殖业实用技术》《新型农民职业技能提升》《现代农业科技与管理》《现代乡村社会治理》五个子系列组成,主要内容涵盖特色养殖业和疾病防控技术、特色种植业及病虫害绿色防控技术、集体经济发展、休闲农业和乡村旅游融合发展、新型农业经营主体培育、农村环境生态化治理、农村基层党建等。选题组织力求满足乡村振兴实务需求,编写内容努力做到通俗易懂。

　　本计划的呈现形式是以图书为主的融媒体出版物。图书的主要读者对象是新型农民、县乡村基层干部、"三农"工作者。为扩大传播面、提高传播效率,与图书出版同步,配套制作了部分精品音视频,在每册图书封底放置二维码,供扫码使用,以适应广大农民朋友的移动阅读需求。

　　本计划的编写和出版,代表了当前农业科研成果转化和普及的新进展,凝聚了乡村社会治理研究者和实务者的集体智慧,在此谨向有关单位和个人致以衷心的感谢!

　　虽然我们始终秉持高水平策划、高质量编写的精品出版理念,但因水平所限仍会有诸多不足和错漏之处,敬请广大读者提出宝贵意见和建议,以便修订再版时改正。

本册编写说明

　　乡村振兴,产业兴旺是基础。农产品加工业是乡村产业的重要组成部分,一头连着农业、农村和农民,一头连着工业、城市和市民,是离"三农"最近、与百姓最亲的产业。

　　近年来,为贯彻落实党中央、国务院关于"三农"工作部署,以实施乡村振兴战略为总抓手,以农业供给侧结构性改革为主线,以农村产业融合发展为路径,按照"农头工尾、粮头食尾"的指示精神,引导各地聚集资源要素,强化创新引领,突出融合带动,着力打造农产品加工业升级版,培育乡村产业振兴新引擎。

　　打赢脱贫攻坚战后,在全面实施乡村振兴战略的关键时点,在农业领域科技支撑与带动下,乡村农产品特色产业发展迎来了新的春天、新的机遇。在农产品原料供应充足的情况下,农产品加工业的发展对提高农产品的附加值,促进农业产业结构调整、繁荣市场和提高人民生活水平具有重要的现实意义。

　　为了让广大基层读者全面掌握农产品包装与储运新技术,安徽农业大学组织食品加工与包装工程行业有关专家,统筹协作编写了这本内容新颖、科学系统、适应面较广的《农产品包装与储运技术》。本书立足于乡村农产品生产实践,介绍了主要农产品包装与储运技术的原理和工艺,文字简洁、通俗易懂,注重实用性和普及性,力求为乡村农产品加工与发展提供智力支持和技术指导。

　　征途漫漫,唯有奋斗。由于编写时间仓促,书中难免有疏漏、不足之处,恳请读者给予批评指正。

目　录

第一章 包装概论

包装起源于原始人对食物贮存的尝试,到人类社会有商品交换和贸易活动时,包装逐渐成为商品的组成部分。现代包装已成为人们日常生活消费中必不可少的内容,现代生活离不开包装,却也为包装所困。

食品包装从古至今,历来都是包装的主体部分之一。食物易腐败变质而丧失其营养和商品价值,因此必须进行适当包装才能贮存并成为商品。随着消费水平和科学技术水平的日益提高,人们对食品包装的要求也越来越高。食品包装的迅猛发展,既丰富了人们的生活,也逐渐改变了人们的生活方式。

▶ 第一节 包装的基本概念

一 包装的定义

根据国家标准化管理委员会发布的《包装术语 第1部分:基础》(GB/T 4122.1–2008),包装的定义是:为在流通过程中保护产品、方便贮运、促进销售,按一定技术方法而采用的容器、材料及辅助物等的总称;也指为了达到上述目的而采用容器、材料和辅助物的过程中施加一定方法等的操作活动。可见,食品包装有两方面的含义:一是指包装物,包括包装材料和容器,如食品包装物有瓦楞纸箱、泡沫塑料垫衬、塑料袋、封口胶、打

包带等;二是指包装食品时的各种操作,如在食品包装时的计量、充填、封口、装箱、捆扎等操作。

对现代包装的定义,不同国家的定义不尽相同,但其基本含义是一致的,都可归纳成两个方面的内容:一是关于盛装商品的容器、材料及辅助物品,二是关于实施盛装和封缄等的技术活动。

二 包装的功能

在现代商品社会,包装对商品流通起着极其重要的作用。包装的好坏影响到商品能否以完美的状态传递到消费者手中,包装的设计和装潢水平直接影响到企业形象乃至商品本身的市场竞争力。现代包装的功能有以下四个方面。

1.保护商品

包装最重要的作用就是保护商品,商品在贮存、运输、销售、消费等流通过程中常会受到各种不利条件及环境因素的破坏和影响,采用合理的包装可使商品免受或减少这些破坏和影响,以达到保护商品的目的。

食品包装是指采用适当的包装材料、容器和包装技术,把食品包裹起来,以使食品在运输和贮存过程中保持其价值和原有状态。对食品产生破坏的因素大致有两大类:一类是自然因素,包括光线、氧气、水及水蒸气、温度、微生物、昆虫、尘埃等,可引起食品变色、氧化、变味、腐败和污染;另一类是人为因素,包括冲击、震动、跌落、承压载荷、人为污染等,可引起内装物变形、破损和变质等。

不同食品、不同的流通环境,对包装的保护功能的要求是不一样的。例如:饼干易碎、易吸潮,其包装应防潮、耐压;油炸豌豆极易氧化变质,要求其包装能阻氧避光照;而生鲜食品的包装应具有一定的氧气、二氧化碳和水蒸气的透过率。因此,我们应根据包装产品的定位,分析产

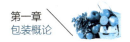

品的特性及其在流通过程中可能发生的质变及其影响因素,选择适当的包装材料、容器及技术方法对产品进行适当的包装,保证产品在一定保质期内的质量。

2.方便贮运

包装能为生产、流通、消费等环节提供诸多方便,能方便厂家及运输部门搬运装卸,方便仓储部门堆放保管,方便商店陈列销售,也方便消费者携带、取用和消费。现代包装还注重包装形态的展示方便、自动售货方便及消费时的开启和定量取用的方便。一般来说,产品没有包装就不能贮运和销售。

3.促进销售

包装是提高商品竞争力、促进销售的重要手段。精美的包装能吸引购买者,增加其购买欲望。在超级市场中,包装更是充当着无声推销员的角色。随着市场竞争由商品内在质量、价格、成本竞争转向更高层次的品牌形象竞争,包装形象将直接反映一个品牌和一个企业的形象。

现代包装设计已成为企业营销战略的重要组成部分。企业竞争的最终目的是使自己的产品为广大消费者所接受,而产品的包装包含了企业名称、企业标志、商标、品牌特色,以及产品性能、成分、容量等商品说明信息。因而包装形象比其他广告宣传更直接、更生动、更广泛地面对消费者。消费者在做购买决定时从产品包装上得到更直观精确的品牌和企业形象。食品农产品作为商品所具有的普遍性和日常消费性特点,使得其通过包装来传达和树立企业品牌形象更显重要。

4.提高商品价值

包装是商品生产的继续,产品通过包装才能免受各种损害而避免降低或失去其原有的价值。包装能给商品增加价值,投入包装的价值在商品出售时也能得到补偿。包装的增值作用不仅体现在包装直接给商品

增加价值,而且体现在通过包装塑造名牌所体现的品牌价值,这是一种无形的增值方式。当代市场经济倡导名牌战略,同类商品名牌与否差值很大。品牌本身不具有商品属性,但可以被拍卖,通过赋予它的价格而取得商品形式,而品牌转化为商品的过程可能会给企业带来巨大的直接或潜在的经济效益,因此包装的增值策略运用得当将取得事半功倍的效果。

三 包装的分类

现代包装种类很多。因分类角度不同形成了多样化的分类方法。

1.按在流通过程中的作用分类

按在流通过程中的作用分类,包装可分为运输包装和销售包装。

(1)运输包装

运输包装又称大包装,应具有很好的保护功能及方便贮运和装卸,其外表面对贮运注意事项应有明显的文字说明或图示,如"防雨""易燃""不可倒置"等。瓦楞纸箱、木箱、金属大桶、各种托盘、集装箱等都属于运输包装。

(2)销售包装

销售包装又称小包装或商业包装,除了具有对商品的保护作用,还更注重包装的促销和增值功能。此类包装通过利用装潢设计来树立商品和企业形象,吸引消费者,提高竞争力。瓶、罐、盒、袋及其组合包装一般属于销售包装。

2.按包装结构形式分类

按包装结构形式分类,包装可分为贴体包装、泡罩包装、热收缩包装、可携带包装、托盘包装、组合包装等。

贴体包装是将产品封合在用塑料片制成的、与产品形状相似的型材和盖材之间的一种包装形式。泡罩包装是将产品封合在用透明塑料片材料制成的泡罩与盖材之间的一种包装形式。热收缩包装是在将产品装入用热收缩薄膜制成的袋中时,通过加热使薄膜收缩而完全包贴住产品的一种包装形式。可携带包装是在包装容器上制有提手或类似装置,以便于携带的一种包装形式。托盘包装是将产品或包装件堆码在托盘上,通过扎捆、裹包或黏结等方法固定而形成的包装形式。组合包装是将同类或不同类商品组合在一起进行适当包装,形成一个搬运或销售单元的包装形式。

此外,还有悬挂式、可折叠式、喷雾式包装等。

3. 按包装材料和容器分类

包装材料包括纸与纸板、塑料、金属、复合材料、玻璃、陶瓷、木材和其他等。

按包装材料和容器分类,常用的包装有纸盒、纸箱、纸袋、纸罐、纸杯、纸质托盘、纸浆模塑制品等,塑料薄膜袋、中空包装容器、编织袋、周转箱、片材热成型容器、热收缩膜、包装软管、软塑料、软塑箱、钙塑箱等,由马口铁、无锡钢板等制成的金属罐、桶等,由铝、铝箔制成的罐、软管、软包装,由纸、塑料薄膜、铝箔等组合而成的复合软包装材料制成的包装袋和复合软包装袋、瓶、罐、坛、缸等,木箱、板条箱、胶合板箱、花格木箱等,麻袋、布袋、草或竹制包装容器等。

4. 按销售对象分类

按销售对象分类,包装可分成出口包装、内销包装、军用包装和民用包装等。

5. 按被包装产品分类

按被包装产品分类,包装可分为食品包装、化工产品包装、有毒物品包装、易碎物品包装、易燃品包装、工艺品包装、家电产品包装、杂品包装

等。不同产品对包装有不同的要求,某些特殊产品还有相应的包装法规要求。

6.按包装技术方法分类

按包装技术方法分类,包装可分为真空和充气包装、控制气氛包装、脱氧包装、防水包装、冷冻包装、软罐头包装、无菌包装、热成型包装、热收缩包装、缓冲包装等。

▶ 第二节　包装与现代社会生活

现代社会生活离不开包装,包装的发展也深刻地改变和影响着现代社会生活。

一 包装策略与企业文化

市场是产品的市场,产品是市场的产品。当代市场经济本质上是名牌产品经济,当代市场竞争实质上是名牌产品竞争,当代企业文化实质上是名牌产品文化。名牌产品是企业整体素质和竞争力的突出表现及其物态转换。企业文化建设推动和促进了经济发展,经济发展又与文化内涵相辅相成。通过包装及营销操作可塑造和传播企业形象,开发和制造名牌,而名牌产品常常会在市场竞争中获得多重超常的综合经济效益。

产品包装是企业形象最直接生动的反映。现代企业愈来愈注重产品的包装形象,因为包装形象包括了企业标志、商标、标准字体、标准色等企业形象诸要素。名牌的创立和认同,首先经过产品包装形象的确立和认同。包装随着商品大批量地、多次重复地展现和销售,其形象直接而有效地印在消费者的心中。凡是科学合理的包装,均是概括、鲜明、集

中、深刻地反映了产品的品质内涵,展示了企业的素质形象。此观点得到企业界的广泛认同,因此包装成为企业树立形象、创造名牌的最基本、最重要的手段。

国际上成功的企业通常把包装策略放在企业形象战略(CIS)中加以统筹考虑。从广泛的意义上讲,CIS实质上是企业整体形象的包装。企业通过包装,向人们展示其内在品质和完美形象,从而赢得市场和消费者的青睐。因此,企业整体形象包装与包装策略成为现代企业文化的主流。

二 包装与资源和环境

资源消耗和环境保护是事关全球生态的两大热点问题。包装与它们密切相关,并且日益成为焦点问题。包装制造所用材料大量地消耗自然资源,包装的生产过程中产生的不能分解的有毒"三废"对环境造成污染,数量巨大的包装废弃物成为环境的重要污染源。包装正在加重自然界恶性生态循环,为解决包装引起的资源与环境问题,世界各国投入了巨大的人力、物力。

1. 包装与资源

地球的自然资源并非是取之不尽、用之不竭的,每一种资源的形成都需要漫长的时间,人们对森林的大量砍伐已严重破坏地球的气候和生态平衡。包装行业对资源的需求量巨大,例如美国,用于包装的纸和纸板占纸制品总量的90%,这充分说明包装消耗着相当数量的资源。

从省料节能的观点出发,包装应力求精简、合理,应特别防止过分包装和夸张包装,充分考虑包装材料的轻量化。采用提高材料综合包装性能等措施探索容器薄壁化和寻求新的代用材料,在满足包装要求的前提下,用纸塑类材料代替金属、玻璃包装材料。通过改进包装结构,实现包

装机械化、自动化,加强包装标准化和质量管理等也能达到省料节能的目的。

2.包装与环境保护

包装在促进商品经济发展的同时,对环境造成的危害也日趋严重。统计资料表明:在发达国家,包装废弃物约占垃圾总量的1/3。有调查显示:包装废弃物中,塑料占总量的37.8%,纸占34.8%,玻璃占16.9%,金属占10.5%。在我们的生活中,塑料造成的白色污染到处可见。按照塑料在自然界的降解速度推算,我们生活的城市正在被塑料等包装废弃物所包围。

综上所述,人类在进行产品包装的同时,必须注重对生态环境的保护,使包装从单纯地满足人类最基本的功能性需求转向满足人类对生存环境的各方面要求,最终使产品包装与产品本身一起与人及环境建立一种共生的和谐关系。因此,包装工业应力求低耗高效,使产品获得合理包装的同时,解决好废旧包装的回收利用和适当处理。

就食品包装来说,首先要解决好产品和包装的合理定位问题,避免华而不实的包装。尽量采用高性能包装材料和高新包装技术,在保证商品使用价值的前提下,尽量减少包装用料和提高重复使用率,降低综合包装成本。其次应大力发展绿色包装、生态包装,研究包装废弃物的回收利用和处理问题。在社会主义市场经济条件下,包装工业应高度重视环境保护和生态平衡问题,优先发展易于循环利用,耗资、耗能少的包装材料,开发可控生物降解、光降解及水溶性的包装材料,并且在推出新型包装材料的同时,同步推出其回收再利用技术,把包装对生态环境的破坏降低到最低的程度。

3.绿色包装体系

绿色包装是有利于保护人类生存环境的包装,其特征就是有利于环

境保护和资源保护。研究和开发绿色包装是社会发展的必然趋势,也是未来包装市场的竞争热点。因此,一些发达国家正在积极地探索建立相应的绿色包装体系,以促进绿色包装的发展。

与绿色食品的倡导、评价和管理体系一样,绿色包装体系的建立应该包括绿色包装政策和法律体系、绿色包装技术体系和绿色包装应用体系。通过这一完整的体系来评判、鼓励和扶持绿色包装,限制或取消那些严重破坏生态环境的包装及其行为,从而使得绿色包装像绿色食品一样得到推崇和发展。

就目前食品所使用的包装材料而言,例如纸、塑料或纸塑复合材料,应从资源与环境两方面综合评判是否为绿色包装。如果从资源利用、制造到使用后的处理来综合评价,这些材料都不符合绿色包装的标准。因此,绿色包装的技术体系应该解决包装在使用前后整个过程中对生态环境的破坏问题,研究和寻找理想的绿色包装技术,或针对商品的不同要求去开发研究相应的绿色包装制品和方法。

倡导绿色包装的实际意义在于促进建立和完善包装资源的回收和再生系统,使包装废弃物得到充分利用,大大减少对生态环境的污染和破坏,同时又大量减少自然资源的消耗,使得人类的生存环境更安全、更舒适。

第二章　农产品保鲜贮藏概况

在国家乡村振兴战略的引领下，积极推进乡村农产品保鲜贮藏工程，延长农产品货架期和保持产品优良的品质，对基层农业特色产业发展和增加农户经济收入具有积极作用。

▶ 第一节　农产品保鲜贮藏的意义

1.保持农产品品质，提高农产品价值

农产品的商品价值首先取决于其感官品质。保鲜贮藏能在一定程度上保持农产品品质，如水分含量、可溶性固形物、风味、质地及口感，同时减少霉菌和异味的产生，一定程度上保持农产品的良品率。研究表明，采用气调贮藏能使猕猴桃的贮藏时间超过6个月，良品率达98%。不同的贮藏条件对猕猴桃的品质影响有差异，比如常温（25℃）下贮藏不超过30天，而低温冷藏可超过90天。因此，发展经济、有效的保鲜贮藏业对提高农产品价值具有积极作用。

2.延长货架期，推动产销运输

农产品经过保鲜贮藏后，能减缓农产品后熟，如气调冷藏保鲜的猕猴桃后熟慢，方便运输至外地，扩宽销售市场；同时延长农产品货架期，延长农产品的销售期。外地的优质农产品也能在本地进行保鲜贮藏，延

长外来农产品的货架期,丰富果蔬市场,为消费者提供更多选择。

3.增加农产品效益,提高产业积极性

像猕猴桃这类质地柔软、货架期短的农产品的销售问题常引起种植农户的担忧。凤凰古城红心猕猴桃的集中采收期是9月下旬至10月上旬,此时猕猴桃价格约3元/千克,经冷库保鲜贮藏到12月至春节前后,价格涨至约60元/千克。柑橘经保鲜贮藏后延期至春节前后上市销售,价格也大幅提升。百合经保鲜贮藏可按照顾客需求提供货源,并获得较好的收益。这些都能大大提高农户生产的积极性,对实施乡村振兴、发展产业具有巨大的促进作用。

▶ 第二节　国内外农产品保鲜贮藏业的发展趋势

发达国家非常重视农产品保鲜贮藏业,据报道,美国利用基因工程技术控制果蔬后熟基因,将反义ACC合成酶(即1-氨基环丙烷-1-羧酸合成酶,是乙烯合成过程中的关键酶)基因导入番茄受体中,通过限制乙烯合成得到耐储藏的番茄。另外,他们研究的新型果蔬保鲜塑料袋,能控制袋内气体和水分含量,从而延长保鲜时间。日本有较为完善的农产品保鲜贮藏法律体系和健全的物流基础设施。荷兰采用量身定做的贮藏库来保鲜贮藏农产品,库内的温度、湿度和通风等条件会根据不同农产品特性得到精准控制,形成专业化保鲜贮藏。

我国保鲜贮藏业蓬勃发展。目前,气调贮藏技术被广泛应用,如臭氧能抑制瓜果上真菌的生长,保鲜效果好且臭氧分解后无残留问题;安全高效的保鲜剂如1-MCP(1-甲基环丙烯)属于果蔬生理调节剂,其无味

无毒,能延长葡萄的货架期,安全性高;低剂量的辐射处理如紫外线照射能保持食用菌的品质等。除了以上提到的几种保鲜贮藏方法,国家农产品保鲜工程技术研究中心(天津)还研发并建成了多功能新型冷库,该冷库可以同时操作气调、低温、紫外线等多种保鲜方式,适用性强,效果显著,技术成熟。此外,山东省打造的集种植、保鲜及初加工于一体的综合模式,以及深圳采用的果蔬预冷处理保鲜贮藏等模式,都为乡村特色农产品保鲜贮藏提供了新思路。

▶ 第三节　农产品保鲜贮藏存在的问题

1.保鲜贮藏技术不成熟

保鲜贮藏业技术含量高,需要专业的技术人员,如园艺专业人才;需要专业的保鲜设备,如气调库、臭氧发生器;需要特殊材料,如涂膜多糖等。保鲜贮藏有冷藏、气调、辐射、使用化学保鲜剂及基因阻隔等方式,对于不同的农产品需要采用不同的保鲜方式。基层农村现行的农产品保鲜贮藏方式简单,大多散户采摘农产品后直接将其堆放在室内阴凉处。但农产品在货架期间容易失水、风味变淡,甚至出现异味,感官品质及营养价值下降,商品价值降低。基层乡村特色农产品丰富多样,选择经济有效且能全面推广采用的保鲜贮藏技术,可以实现农产品品质和经济效益的双提升。

2.农户保鲜意识薄弱

乡村农产品多为散户种植、自行销售,农户的保鲜贮藏意识薄弱,接触到的新型高效保鲜方式少,未享受到高效的保鲜贮藏带来的商业价值,导致农户对于开展新型保鲜贮藏工程积极性不高。农户对于保鲜剂购买渠道不清楚,对剂量的使用缺乏认知,存在乱用保鲜剂的现象,不仅影响保鲜效果,还会影响农产品的质量安全。开展专业技术培训,提高农户和企业的保鲜意识是保鲜业的迫切需要。农户的采收方式直接影响其保鲜效果和品质,如采收猕猴桃、葡萄这类质地柔软的果品时磕碰导致的机械伤会引起感官品质下降、增加微生物感染风险及增大坏果率。因此,采收前应对采收人员进行专业培训,提高保鲜意识和采收技能,避免因使用粗糙采收工具引起损伤;果蔬摆放、筛选等工序应科学有序进行。有条件的可直接田间包装,减少农产品因反复翻动引起的二次损伤,为保鲜贮藏奠定良好的基础。

3. 新型保鲜产业发展投入不足

新型的气调保鲜膜、微型节能保鲜库和高效低毒保鲜剂的保鲜成本要高于普通保鲜方式。一般200立方米的低温冷库的造价达15万元以上,而专业的气调保鲜膜的成本也要高于普通保鲜袋。气调库需要配备气调设备和管路,辐射保鲜库还需要辐射装置等。因此,要发展新型保鲜产业,需要加大财政投入。此外,特别是地处山区的农业产区多以山路为主,交通不便影响农产品外销。为保持农产品品质可采用全程冷链技术,但由于经济发展不足和地理环境局限,山区的多数企业一般多采用普通货车运输,外加冰块保鲜箱来保鲜。企业运输存在常温运输现象、常温采收后直接冷链运输或者常温销售等断链现象。

▶ 第四节　农产品保鲜贮藏的发展对策

1. 用好国家支持政策

国家鼓励实施农产品仓储保鲜冷链物流设施建设工程,推进产地小

仓储保鲜冷链设施、产地低温直销配送中心、国家骨干冷链物流基地建设等;并对于特色产业、脱贫地区给予技术和资金支持,按不超过总投资的40%比例给予补贴。结合乡村振兴战略的实施,国家目前正在统筹冷链设施建设,未来乡村农产品保鲜成效将得到较大提升,有利于增加农产品的附加值和扩大销售范围。此外,针对乡村农产品外销物流成本高的问题,政府应当给予物流企业政策扶持和加大资金投入,建立完善的监管机制,规范物流行为,增强物流活力;以政府为引导,扩宽销售渠道,及时获得市场信息,减少农产品"卖难"现象。

2. 探索新型发展模式

目前,乡村特色产业基本形成了"合作社+基地+农户+技术"的产业发展模式,村集体合作社带领农户积极发展农产品保鲜产业,因地制宜探索有效实用的发展新模式,借鉴国内外保鲜贮藏经验助力乡村农产品保鲜贮藏产业进一步发展。特色农产品重点区域要加强低温库、预冷库、高温库等储藏库建设,将农产品仓储保鲜冷链设施与大型企业的冷链设施连成一体,配置农产品冷链车,把冷链线路延伸到农村产业基地"最初一公里"和消费市场"最后一公里",形成冷链物流体系。在现有产业模式的基础上,根据特色农产品的各自特性,不断探索培育"公司+基地+农户+技术+冷链"的新模式。

3. 加强保鲜贮藏专业人才培养

鼓励更多保鲜贮藏业的专业人才深入农村,扎根基层。区域内高等学校、职业院校应开设农产品包装与保鲜贮藏专业,培养高职、本科和研究生多层次的专业人才。同时,高校科研院所应积极主动开展社会服务,送技术下乡,开设"村大工程"等新型职业农民培训班,为农民提供保鲜技术专业培训,帮助他们提高保鲜技术和贮藏意识。基层农村年轻劳动力较少,村民存在一定的观望态度,只有看到成效后才敢做、才肯学、才会做,应采取"致富带头人先做,带动全村产业发展"的模式。同时,因地制宜为每村安排产业指导员开展长期产业技能培训和实地指导,多方并举为农户提供更多技术支持。

4.实施特色农产品分级保鲜贮藏

分级精准保鲜贮藏是未来农产品保鲜发展的方向。农产品分级,选取优等果品采用新技术,高效保鲜贮藏。这类产品的销售对象也将是高消费人群,产品价格高;而对于普通果品则选择经济普通的保鲜贮藏方式。这样不仅能提高优质果的价值,同时还可以降低普通果的贮藏成本,增加效益。研究表明,结合1-MCP处理的红心猕猴桃可保鲜90天之久。猕猴桃分级保鲜的精准定位不仅使价格大幅提升,而且扩大了市场影响力,获得了良好的经济效益。

第三章　粮油类农产品的包装与储运

▶ 第一节　技术概况

　　粮油是对谷类、豆类、油料及其初加工品的统称。粮油产品是关系到国计民生的农产品,它不仅是人体营养和能量的主要来源,也是轻工业的主要原料,还是畜牧业和饲养业的主要饲料。我们国家地大物博,如何让各地的粮食作物在全国范围内流通,这就需要对这些产品进行包装与储运。目前,我国粮油产品的包装与储存的方式也有很多种,每种包装与储存方式都有其应用场景。

　　我国粮食的包装方式主要是编织袋、复合塑料袋等,油类产品的包装方式主要是塑料桶。油脂包装可分为四类:按包装形式分类,可分为单个包装、内包装和外包装三种;按材料分类,可分为金属罐包装、玻璃瓶包装和塑料包装等;按油脂形态分类,可分为液体油脂包装和固体油脂包装;按包装充气情况分类,可分为真空包装和充气包装。目前,我国比较普遍的贮粮技术有干燥贮藏、通风与密闭贮藏、低温贮藏、气调贮藏、双低(低氧、低药剂量)贮藏和三低(低温、低氧、低药剂量)贮藏,高水分粮的防霉应急措施主要是施用化学防霉剂等。农产品的运输离不开现代化的交通运输方式,主要包括铁路、公路、水路、航空等几种运输方式。

第二节　谷物类

粮油中的谷类主要包括大米、小麦、玉米、小米、荞麦和高粱等。

一　谷物类的包装方式

粮谷类包装应注意防潮、防虫和防陈化。在贮运过程中,除使用专用的散装粮仓、车厢、船舱外,对粮谷都要进行包装,目前大多是在塑料编织袋中衬PE薄膜袋,既能有效地防潮,又有轻微的透气性,谷物胚胎能继续进行呼吸又不会产生过多的呼吸热,从而保持谷物的新鲜状态。

对于精米、面粉、小米等粮食加工品,多采用塑料编织袋及PE、PP等单层薄膜小包装。对于较高档品种,可采用多层复合材料包装,包装方法也由普通充填包装改用真空或充气包装。若要求具有良好的驱虫效果,可在复合薄膜材料中加入驱虫剂(除虫菊酯、胡椒基丁醚等)。

以大米包装为例,目前市场上的大米包装主要有三种。

(1)普通包装。用聚丙烯等材料的塑料编织袋对大米进行包装,用缝线封口。包装过程中不采用任何保鲜技术,这种包装方式对大米的防虫、防霉及保鲜的效果相对来说比较差,通常只能对粮食起到容纳的作用。但塑料编织袋抗拉强度强,包装重量在5千克以上的大米都可以采用此种包装,保质期在3个月左右。

(2)真空包装。采用真空包装,可以降低储藏环境的氧气浓度,抑制大米的呼吸强度和霉菌的繁殖,防止大米陈变、发霉、生虫等,更好地保持大米的品质。目前大米真空包装选用的真空度一般在0.07~0.09千帕。由于真空度较大,包装材料紧紧包裹住大米,而大米两端较尖,包装

袋很容易被米粒扎破,导致真空包装失效。包装袋在流通过程中跌落,相互之间的摩擦、碰撞也很容易造成破袋。所以在对大米进行保鲜包装的同时要结合流通环境,这样才能取得良好的效果。

(3)充气包装。充气包装一般充入的是二氧化碳和氮气,它们都是无色、无味、无毒的气体,化学性质比较稳定。大米具有吸附二氧化碳的能力,形成保护层,使大米处于"睡眠"状态,从而减小脂肪酸、总酸、还原糖、黏度的变化,延长了有效保质期;充氮气降低了储藏环境的氧气浓度,抑制了大米中微生物生长,对于减缓品质的变化起着重要的作用。研究表明,充气包装能够有效地保持大米品质,防止大米霉变和生虫。

二 谷物类的储存方式

1.大米

稻谷去壳得到糙米,糙米再碾去果皮与胚成为大米。大米由于没有谷壳保护,胚乳直接暴露在外,易受外界因素的影响。

大米存在以下特性:①容易吸湿返潮,引起发热;②容易爆腰(大米不规则的龟裂称为爆腰);③容易陈化,随着贮藏时间的延长,大米逐渐陈化;④容易"发灰",大米在贮藏期间,如外界环境湿度大或者大米原来水分高,便会出现"发灰"现象;⑤容易感染虫害,危害大米的主要害虫有米象、玉米象、赤拟谷盗、米扁虫、长角扁谷盗等。

大米的贮藏方法主要包括以下几种。

(1)常规贮藏。主要采用干燥、自然低温、密闭的方法,将加工出机的大米冷却到仓温(10℃以下)后,才堆垛保管。高水分大米,可以码垛通风后进行短期保管,或通风摊凉降低水分后再密闭贮藏。

(2)低温贮藏。低温贮藏是大米保鲜的有效途径。利用自然低温,将低水分稻谷在冬季加工,待米温冷却后入库贮藏,采用相应的防潮隔热措施,使大米长期处于低温状态,相对延长粮温回升时间,是大米安全度夏的一种有效方法。利用机械制冷使大米在夏季处于冷藏状态,也能使大米安全度夏,但由于制冷设备和厂房建设投资较大,尚未全面推广。

(3)气调贮藏。对包装或散装大米,用塑料薄膜密封,利用粮堆内大米和微生物的呼吸作用,自然降氧,或者充入二氧化碳或氮气贮藏,具有良好的杀虫、抑菌作用。还可用小包装"冬眠贮藏"保鲜,每袋装大米3～5千克,充二氧化碳保鲜贮藏,可安全贮藏1年以上。

(4)化学贮藏。在密闭的大米堆垛内,按磷化铝2～3克/米^{3}的剂量,采用聚乙烯薄膜制成小袋,装入1520克磷化铝片,挂在密封好的包堆边或埋入包装粮上层,让磷化氢缓慢释放,可以杀虫、抑菌和预防大米发热而霉变。

2.小麦

小麦是世界性的主食。我国小麦产量仅次于稻谷,主要产区在长城以南、长江以北的黄淮平原,包括河南、山东、河北、山西南部、陕西关中和江苏、安徽的北部。

小麦存在以下特性:①后熟期较长。小麦的后熟期比较明显,新收获的小麦,需要经过几个星期甚至2～3个月才能结束后熟期。②耐热性强。小麦有较高的耐热性能,其蛋白质和呼吸酶具有较高的抗热性。小麦经过一定的高温,不仅不会丧失生命力,而且能改善品质。③吸湿性强。小麦的种皮薄,含有大量的亲水物质,容易吸收空气中的水分,在相同的相对湿度中,小麦的平衡水分始终高于稻谷。④呼吸强度弱。经过后熟期的小麦呼吸作用微弱,比其他禾谷类粮食都低,红皮麦比白皮麦的呼吸强度更低。⑤易感染害虫。小麦无外壳保护,皮层较薄;且新麦入库正值高温季节,害虫繁殖严重,因此小麦易受到害虫的危害。

小麦的贮藏方法主要包括以下三种。

(1)热密闭贮藏法。热密闭贮藏小麦,可以防虫、防霉,促进小麦的后熟作用,提高发芽率。具体方法:利用夏季高温曝晒小麦,注意掌握迟出早收、薄摊勤翻的原则,在麦温达到42℃以上,最好是50～52℃,晒2个小时,然后迅速入库堆放,平整粮面后,用晒热的席子、草帘等覆盖粮面,密闭门窗保温。做好热密闭贮藏工作,其一是要求小麦含水量降到10%～12%;其二要求有足够高的温度和密闭时间,入库后粮温在46℃左右,密闭7～10天,粮温在40℃左右,则需密闭2～3周。

(2)低温贮藏法。低温贮藏是小麦安全贮藏的基本途径。小麦虽耐温性强,但在高温下持续贮藏,会降低其品质。而低温贮藏,则可保持品质及发芽率。利用冬季低温,进行自然通风、机械通风降温,然后趁冷密闭,对消灭越冬害虫、延缓外界高温影响效果良好。另外,利用地下仓贮藏小麦,也能延缓小麦品质劣变。

(3)自然缺氧贮藏。目前国内外使用最广泛的方法还是自然缺氧贮藏。对于新入库的小麦,由于后熟作用的影响,小麦生理活动旺盛,呼吸强度大,极有利于粮堆自然降氧。实践证明,只要密闭工作做得好,小麦经过20～30天的自然缺氧,氧气浓度可降到1.8%～3.5%,可达到防虫、防霉的目的。如果是隔年陈麦,其后熟作用早已完成,而且进入深休眠状态,呼吸强度很弱,不宜进行自然缺氧,这时可采取微生物辅助降氧或向麦堆中充二氧化碳、氮气等方法而达到气调的要求。

对于受潮的小麦,更讲究储存方法的科学性。下面介绍五种储存措施。

(1)食盐处理法。将小麦在通风处堆成小堆,每百千克拌入1.5～2千克细食盐,拌和均匀堆放,用不透气塑料薄膜封住。食盐能吸收麦粒中的水分,从而抑制小麦的生理活动和霉菌的繁殖。用此法处理过的湿麦粒可保持3～5天不霉变。

(2)漂白粉拌和法。每50千克湿麦粒拌入0.1千克漂白粉,拌和均匀后即用塑料薄膜盖严,每天检查一次,可使湿小麦4~6天不出芽,7天左右不霉烂。

(3)食醋处理法。湿小麦堆放在通风干燥处,每百斤喷食醋0.5千克,边喷边搅拌均匀,然后用塑料薄膜密封,注意检查。

(4)鼓风降温法。可用鼓风机、电风扇、排风扇作为风源,将湿小麦堆放在一个能通风透气的凉床上。如没有凉床,也可按30厘米厚度摊在地面上,人工或用电扇降温,每3~5个小时翻动1次。

(5)堆垛自然通风和机械通风法。尽可能用透气的麻袋包装,堆装不可过大,利用烟囱效应通风,堆成"十"字形,底部留通风道,中间可包装,也可散装,粮堆中间放竹篓,利用自然、机械(风扇、鼓风机)通风降水,这样使高水分小麦可以短时间存放,但要天天检查。

小麦的运输方式大多采用公路或铁路运输,如果是短距离运输则可采用公路运输,量大且距离远可以采用铁路运输。

3.玉米

玉米存在以下特性:①玉米胚大,呼吸旺盛。玉米胚部较大,几乎占全粒体积的1/3,占全粒重量的10%~12%。②玉米原始水分大,成熟度不均匀。我国玉米产区在北方,每年玉米收获时天气已冷,故新收获的玉米水分在20%~35%。③容易霉变。玉米由于胚大,脂肪含量高,带菌量大,在温度、水分条件适宜时,容易发生霉变。④容易感染害虫。危害玉米的害虫较多,主要有玉米象、大谷盗、杂拟谷盗、锯谷盗、印度谷螟、粉斑螟、麦蛾等。

在我国,玉米贮藏北方以防霉为主,南方以防虫为主。玉米的贮藏方法有粒藏与穗藏两种,国家入库的玉米全是粒藏,农户大都采用穗藏的方法。

(1)穗藏。果穗穗藏是一种典型的通风穗藏,在华北和东北地区,由于收获玉米时温度较低,高水分的玉米穗藏具有很大的优越性。经过一冬自然通风,来年四五月份玉米水分可降至12%~14%。

(2)粒藏。粒藏的第一步是要控制玉米入库水分,要求入库玉米水分含量在13%以下,另外可以针对玉米胚大、呼吸旺盛的特点,采用缺氧贮藏,或根据实际需要,采用"双低"贮藏、"三低"贮藏等方法及"缓释熏蒸法"等综合方法贮藏,防止玉米堆发热、生霉、生虫。

(3)玉米粉的贮藏特性与方法。玉米加工时往往要经过水洗,使水分增大。新出机的玉米粉温度较高,一般在30~35℃。温度高,水分大,给微生物的生长繁殖创造了条件。玉米粉脂肪含量高,容易氧化变质,故玉米粉是不易贮藏的成品粮,极易发生霉变,酸败变苦,不宜长期贮藏。玉米粉在贮藏过程中,水分不能超过14%。另外,玉米粉不宜采用大批散存的方法,一般用袋装,码成通风垛,并于5~7天倒垛1次,倒垛的原则与面粉倒垛相同。如果发现有结块成团现象,应及时揉松。条件允许时,最好采用低温贮藏或气调贮藏。加工玉米粉时最好先去胚再制粉,这样既可提取玉米胚油,增加经济效益,又可提高粉质,有利于贮藏。

4.高粱

高粱主要产于东北地区,其次是华北。东北地区收获高粱期间,气温往往受到早霜的影响,因而新粮的水分大,未熟粒多,新收获的高粱水分一般在16%~25%。高粱种皮内含有丹宁,能降低种皮的透水性,并有一定的防腐作用。

高粱的贮藏方法主要包括以下两种。

(1)干燥除杂。新收获的高粱,具有水分大、杂质多的特点,在储存中要做到分水分、分等级入仓,对于不符合安全储存条件的高粱必须适时晾晒,使水分降到安全标准以内,如温度为5~10℃,相对安全水分应在18%以下。

（2）低温密闭。高粱的特性使其适于低温储存，因此，应充分利用寒冬季节降温后密闭保管。经过干燥除杂、寒冬降温的高粱，一般可以安全度夏。

三 谷物类运输方式

粮食运输方式主要有袋装运输、散装运输和集装箱运输三种。

1.袋装运输

袋装运输是指将粮食装到麻袋或塑料编织袋中变成包粮然后进行运输的一种方式，是最为传统的运输方式。在水路方面，粮食的袋装运输属于件杂货运输。件杂货通常是指有包装和无包装的散件装运的货物。在进行袋粮装卸的时候，主要是靠门机或船舶吊杆等起重设备配合吊钩、吊索、吊网、货板等工装夹具进行吊入或吊出船舱。为了充分利用起重机的起重量，就需要工人在码头和船舱中进行袋粮的堆码作业，因此耗费了大量的人力。并且，这也是制约袋粮装卸效率提高的主要问题，还容易产生散落、遗失、污染等问题。另外，在袋装运输过程中，由于同一船舱当中往往载有多票货物，很容易造成混票等情况，以致理货过程缓慢，还容易造成丢货情况的发生。

2.散装运输

鉴于袋装运输方式存在的诸多缺点，从20世纪50年代开始，国际粮食的运输开始采用散装方式进行。与袋装方式相比，散装运输具有如下优点：①节约了包装费用，这包括散粮包装、灌包机械成本和工人灌包人力成本两个方面。②易于实现粮食装卸的专业化、机械化。由于物理性质相近，所以粮食的储存、运输、装卸易使用专业机械。③提高了粮食装卸的效率。采用散装方式运输之后，可以在码头使用吸粮机、夹皮带机、

链斗卸船机等连续型卸船机械,能够大幅提高装卸效率。袋装运输时,门机的装卸效率每台时仅60吨左右;而散装运输后,采用专业卸船机每台时不会小于300吨,是袋装方式的5倍以上。④降低了工人的劳动强度。散装运输可以把工人从舱内、车内、库内解放出来,从事更加轻便的工作。降低了工人的劳动强度,同时也消除了原有的瓶颈。

3.集装箱运输

粮食集装箱运输,是指集装箱作为粮食的包装物和运输工具的一个组成部分。在农村或基层粮库中,将农民生产的粮食直接装入集装箱封好,集装箱可以选择通用集装箱或者是专用粮食集装箱。如果是通用的集装箱,则应当进行适当的处理,保证密封,然后将集装箱运到火车站或集装箱码头,运往全国各地或国外。与袋装运输和散装运输相比较,粮食集装箱运输具有以下优点:①使用机械化作业,减轻了工人的劳动强度;节约人力,装卸效率大大提高。②手续简化,减少了运输环节上的理货交接程序;利用集装箱多式联运,缩短在途时间,保证市场供应。③适应粮食多品种、小批量及多种质量分级运输的要求。可以采用公路、铁路和水路不同的运输工具,满足不同的时间要求。④不必另建专用的粮食流通设施,充分利用现有的通用集装箱装卸设备,大大减少基本建设投资。⑤不受恶劣气候条件的限制,可以全天候作业,保证车、船正常运输。⑥节约包装材料和包装费用,减少粮食损耗和经济损失,保证运输安全。⑦实行"门到门"运输,提高服务质量。

▶ 第三节　油料类

油料原料有大豆、芝麻、花生仁、棉籽、菜籽、葵花籽、玉米胚等。本节主要介绍大豆油、花生油、菜籽油、芝麻油等的包装与储运方式。

一 油类产品的包装方式

1.烹调油包装

烹调油包括豆油、菜籽油、花生油、芝麻油、色拉油等。传统烹调油均采用玻璃瓶包装,近年来渐渐被塑料包装容器所取代。玻璃瓶包装具有许多优点,如气密性好、干净卫生、耐用、坚硬及不易生长霉菌等;但是玻璃瓶易碎,在搬运中一旦有一瓶破碎,就会污染整箱和邻近的货物,而且笨重,运输成本高。塑料瓶的采用也正是针对玻璃瓶的缺点而日益推广普及的。通常采用的塑料瓶有聚氯乙烯,聚酯,聚苯乙烯和高、低密度聚乙烯等材料,塑料瓶的形状和结构设计要求合理,应该考虑强度、美观、使用方便(便于手提,倒下时不流淌到瓶外,以及封盖方便)等因素。

油脂容易受氧化发生酸败,光线(特别是蓝色光和紫色光)对氧化反应起促进作用。因此,销售周期和贮存期较长的食用油脂,最好考虑遮光包装,或者在包装材料中加入能阻挡紫外线透过的颜料。近年来,欧美各国流行采用吹塑聚氯乙烯瓶子包装各种食用油类、酱油和食醋。瓶子的造型新颖、多样化,规格大小不一,而且制成琥珀色或褐色,以阻挡紫外线。瓶盖采用聚丙烯螺旋盖,盖内衬垫一层聚偏二氯乙烯垫片,以防氧气透入。聚氯乙烯塑料瓶能够满足食用油类的防护要求,其厚度视强度、透气率和成本等因素而定。美国食品与药物管理局(FDA)规定,聚氯乙烯塑料瓶的最高使用温度不得超过65.5℃。也有采用聚丙烯改性的聚氯乙烯塑料瓶包装食用油的。这种瓶子的刚度比纯聚氯乙烯的高,耐热性也稍有提高。更新的包装材料和容器正在开发之中,主要是由复合材料制成的容器。外层涂塑乙烯-醋酸乙烯和蜡制成的热熔胶,内层是离子型树脂,热封性能好,而且耐油。另一种是采用纸盒包装,内部衬以

薄膜–铝箔–薄膜复合材料衬袋。塑料薄膜采用离子型树脂、聚丙烯或尼龙薄膜。如果袋底制成鳍状封合,可成为自立袋。这种盒中袋结构的包装用途很广,除了包装食用油外,还可以包装酒类和牛奶等液体食品。油脂大容量包装都采用铁桶。

2.花生酱、芝麻酱等含油脂食品的包装

花生酱、芝麻酱等都是油脂含量较高的食品,容易氧化而引起酸败,并产生哈喇味。这类食品的传统包装方法是采用玻璃瓶、罐包装,并加入适量的抗氧化剂。

花生酱、芝麻酱等含油脂食品的现代包装广泛采用塑料薄膜和吸塑成型容器包装,并辅之以真空和充气包装技术,可有效抑制内装的食品发生氧化酸败。在选用包装材料时,应注意环境温度、湿度对材料透气性能的影响,尽可能地维持食品的稳定,确保食品在贮存期限内的质量。如花生酱和芝麻酱充氮包装,在环境相对湿度为50%时,可以采用PT/PE(玻璃纸/聚乙烯)薄膜包装;若在环境相对湿度为80%时,应选用PT/PE(玻璃纸/聚乙烯)复合薄膜、PA(PET)/PE〔聚酰胺(聚酯)/聚乙烯〕、BOPP/Al/PE(EVA)〔双向拉伸聚丙烯/铝/聚乙烯(乙烯–醋酸乙烯酯共聚物)〕等阻气性较好的复合薄膜包装。

二 食用油的储存方式

1.大豆油

大豆油在贮藏中,容易受油脂本身所含水分、杂质及环境空气、光线、温度等因素的影响而酸败变质。因此,贮藏大豆油必须尽量减少其中的水分和杂质含量,将大豆油贮藏在密封的容器中,放置在避光、低温的场所。通常的做法:油品入库或装桶前,必须将装具洗净擦干,同时认真检验油品水分、杂质含量和酸价高低,符合安全贮藏要求的方可装桶

入库。大豆油中水分、杂质含量均不得超过0.2%,酸价不得超过4。桶装油品不宜过多或过少。装好后,应在桶盖下垫以橡皮圈或麻丝,将桶盖拧紧,防止雨水和空气侵入。同时,每个桶上要及时注明油品名称、等级、皮重、净重及装桶日期等,以便分类贮藏。桶装油品以堆放仓内为宜,如需露天堆放,桶底要垫以木块,使之斜立,桶口平列,防止桶底生锈和雨水从桶口浸入。高温季节要搭棚遮阴,以防受热酸败;严冬季节在气温低的地区,无论是露天还是库内贮藏,都要用稻草、谷壳等围垫油桶,加强保温,防止油品凝固。

2.花生油

花生油的贮藏方法与大豆油基本相同。由于花生油含饱和脂肪酸较多,较易凝固,一般在5℃以下就会变浓,在-3℃时呈乳浊状;若温度过低,就会凝固,油脂凝固再熔化,容易氧化使酸价增高。所以花生油在冬季更应注意保温。另外,花生油属于不干性油,暴露在空气中不易形成薄膜,这对贮藏来说是有利的。

3.菜籽油

菜籽油的贮藏方法基本上和大豆油相同。值得注意的是,机榨菜籽油色泽深黄而不发绿,透明度较强;土榨菜籽油色泽橙黄而发绿,透明度差。无论是机榨还是土榨的菜籽油,入库前都必须过滤或沉淀,将水分和杂质除去,方可长期贮藏。

4.芝麻油

芝麻油中含有芝麻酚、生育酚等天然抗氧化剂,与一般油脂相比不易氧化酸败。但天然抗氧化剂在加工过程中容易受热而被破坏,所以芝麻油在贮藏期间仍需加强管理。入库贮藏时,水分、杂质含量均不得超过0.2%,酸价不超过4。

三 食用油的运输方式

没有开封过的、成桶的食用油是可以邮寄快递的,开封过的就不可以。在一些食用油运输中,海运、空运、铁路运输和公路运输等不同的运输方式有不同的标准,如铁路部门要求必须用指定的油罐和液袋,中间若需要转运还要经过重新腾挪分装等。

根据《食用植物油散装运输规范》(GB/T 30354-2013),散装运输容器应符合以下条件:①运输食用植物油应使用专用容器,不得使用非食用植物油罐车和容器运输。②容器应使用符合食品卫生标准和食品卫生有关规定的材料制成。钢制容器宜采用不锈钢材料,采用低碳钢材料制造时其内壁应涂符合食品卫生要求的食用级涂料。塑料容器应采用PE(聚乙烯)、PET(聚酯)等国家允许使用的材料。③不应使用含有铜及其合金材料制成的容器、输油管道、管件、测量仪表或取样器械等。④不应使用水银温度计测量油温。⑤容器应清洁、干燥,具有良好的密闭性,防止油脂在运输过程中受到污染,以及因空气或雨水进入造成的油脂氧化酸败。⑥容器应具有一定的强度和必需的防尘、防雨、防爆燃、防静电、防盗窃等设施,保证其在运输过程中不发生渗漏和泄漏,且便于装卸及运输。⑦用于高熔点、高黏度油脂运输的油轮、罐车,应具有保温和伴热设施,以保证油脂在运输和装卸过程中呈液态。采用的伴热方式(包括热源及装置)应该避免造成油脂的局部过热,避免污染油脂和影响油脂质量。伴热的热源宜为热水或饱和水蒸气。伴热装置宜采用不锈钢材料制作的加热盘管。⑧具有伴热装置的容器应该装有温度检测及控制装置,防止容器中的油脂过热。温度检测装置的安装位置应距伴热装置有一定的距离,以期能够反映容器中油脂的平均温度。⑨容器的型式、体积界限和重量界限应符合我国交通运输的相关要求。

油类产品在运输过程中应该符合以下条件：①食用植物油在运输过程中应尽量避免长时间高温曝晒，在高温天气长途运输过程中，要有降温、遮阴措施，防止油脂氧化酸败。②高等级油脂长途运输时，宜在运输容器内充入高纯度氮气或二氧化碳等稳定气体，在油面上形成稳定气体覆盖层，以防止油脂氧化酸败。但不得充入空气进行搅拌或其他作业。③运输高熔点、高黏度油脂时，在运输过程中应在油罐或容器上放置保温和伴热设施，以防止油脂固化。④运输途中应保持运输车辆的清洁，防止运输容器受到污染。同时应防止标签脱落。当采用钢制油桶、塑料油桶或塑料软包装等其他形式的容器进行食用油脂运输时，不应与有毒有害物品混装、混运。⑤在雨雪天气运输时应对其进行遮盖。⑥运输过程应防止容器中油脂的渗漏，杜绝外来油脂或其他物质的掺入。⑦从事食用油脂运输的人员应具有油脂散装运输的专业知识，了解作业规程，应对运输过程提供书面报告；长途运输过程还应提供运输期间的气候条件、油温等的记录。

第四章　果品类农产品的包装与储运

▶ 第一节　技术概况

水果是人们日常饮食中重要的一部分,其中蕴含着丰富的维生素及人体中必不可少的微量元素。大多数水果都有自己的季节性,直接存放保鲜时间相当短,因此应根据其自身特点采用不同的科学方法尽量延长保存时间,使人们随时可以吃到味道鲜美的水果。

对新鲜果品来说,包装是其物流保鲜、贮藏加工过程中不可或缺的一部分。根据用途,包装可分为内包装和外包装。内包装主要有衬垫、铺垫、浅盘、包装膜、包装纸及塑料小盒等,主要具有以下功能:防止机械损伤、防失水、达到气调效果、方便零售。外包装包括筐、袋、木箱、瓦楞纸箱、塑料箱等,内包装的主要作用为防震、防挤压、防碰撞、利于流通运输、方便产品宣传等。

随着塑料薄膜工业的发展,果蔬的自发气调包装技术越来越受到人们的重视。果蔬的自发气调(简称MA)包装是指将果蔬密封在具有特定透气性能的塑料薄膜(或带有硅窗的薄膜)中,利用果蔬自身的呼吸作用和塑料薄膜的透气性能,在一定的温度条件下,自行调节密闭环境中氧气和二氧化碳的含量,使之符合气调贮藏的要求,从而达到延长果蔬贮藏期、保持果蔬品质的目的。

人们一般都是利用综合措施使果蔬的呼吸、后熟和衰老等过程得到延缓,同时防止微生物的侵染,从而达到长期贮藏的目的。随着科学技术的发展,新的贮藏技术不断出现并成功地应用于生产之中。

果蔬贮藏的方式有很多,分类的依据不同,区分方式各异。较早的分类是依据贮藏场所的特点来划分的,一般分为常温贮藏、冷藏和气调贮藏等。后来有人以贮藏条件的主要因子来划分贮藏方式,一类是以控制温度为主的贮藏方式,另一类是以控制气体成分为主的贮藏方式。

我国幅员辽阔,南北方物产各有特色,北果南运、南菜北调是我国果蔬生产中的主要流通方式。但长途运输中气候变化大,另外,我国近几年果蔬的规模化、标准化生产发展较快,进出口果蔬也日益增多。因此,利用合适的运输工具和贮运设施,做好交通运输的科学管理和调度,显得尤为重要。

按照运输路线和运输工具的不同,可把新鲜果蔬的运输分为陆路、水路、空运等不同的运输方式。陆路运输包括公路和铁路运输,水路运输又包括河运和海运。运输工具主要包括敞篷货车、通风隔热车、冷藏车(机械冷藏车、液氮冷藏车、平板冷藏拖车)、集装箱(冷藏集装箱、气调冷藏集装箱)等。

▶ 第二节　仁果类(苹果、梨、山楂、枇杷)

一　仁果类水果的包装

1.苹果的包装

苹果的缓冲包装一般分为内、外包装两部分,外界的冲击往往先作

用于外包装,减震后传给内包装,最后才会作用于苹果本身。

纸箱是苹果在运输过程中最常见的包装形式之一,瓦楞纸箱是其中的佼佼者,作为外包装有着众多的优势,其运输方便、成本较低、制备简单、绿色环保、表面较光滑,且有着较好的印刷性能。在结构性能方面,瓦楞纸箱具有良好的减震和抗压性能;对包装产品,还具有防潮、散热、密封等功能。另外,瓦楞纸板可以阻止水果中细菌的生长,它将细菌困于纤维中,使其溶解,有利于水果的保鲜。

苹果内包装的种类有很多,珍珠棉的网套是极为常见的一种,它是由低密度聚乙烯挤压而成的发泡网状制品,因其富有弹性、表面柔和,以及独特的可扩张网状结构,是传统包装材料的理想替代品。

2.梨的包装

梨的包装容器主要有纸箱、钙塑箱、果筐和木箱等。包装应在阴凉的环境条件下进行,避免风吹日晒和雨淋。装箱时,先放好底层纸板和纸格,每果用专用包果纸包好,由内盒中央向四周循序装入,一格一果,每装满一层盖一块纸板,依次装满后称重。

简易包装时,将梨果专用保鲜袋铺展于箱内,将梨果用专用包装纸逐个包紧,由纸箱底外围向内一层一层装满整个纸箱。纸箱底和最上面各用一块纸板填充,最后封箱。现在市场上多用塑料泡沫网套包果,还有的在包装箱中用凹穴的泡沫塑料垫板装果,不加套,也不包纸,包装方法简便,便于机械化操作。进行包装和装卸时,应轻拿轻放,避免机械损伤。在包装外面应注明产品商标、品名、等级、规格、质量、数量、产地、特定标志、包装日期等内容。

3.山楂的包装

山楂包装多用荆条筐、紫穗槐筐等。每筐装果25～40千克,内铺洁净、干燥、柔软且不易破裂的衬垫物,如蒲包、席片、柞叶等。山楂入筐后,上面应加一层填充物,然后加盖封口,用绳索捆扎牢即可外运。冬季调运,要注意防寒,可在筐内衬8~10层防寒纸。山楂的包装也可选用钙塑箱、塑料折叠箱,每箱不超过25千克。

4.枇杷的包装

枇杷一般用竹篓、纸箱(盒)、木箱、塑料箱或瓦楞纸箱等包装,也可用子母箱包装。用0.02厘米厚的聚乙烯袋套在枇杷专用箱内,在箱两侧各打4个直径为1.5厘米的圆孔(把聚乙烯袋一起打穿),先在底部衬垫卫生纸,再将果实逐个排好,并衬以洁净软质衬垫物。装果时在不同部位放3~4袋吸有饱和高锰酸钾的蛭石,在上下部各放一袋二氧化氯,后扭转袋口,用细绳结好,最后盖好箱盖。包装箱外面应印有或贴上商标,注明产地、品种、等级、毛重、果实净重及包装日期等,并用简洁的语言说明枇杷的营养成分及功效。如需加工用的果实,可用木箱、塑料箱或竹筐装运。

二 仁果类水果的贮藏方式

1.苹果的贮藏方式

苹果是较耐藏的水果之一。苹果的贮藏方式有很多,短期贮藏可采用沟藏、窑窖贮藏、通风库贮藏等方式,长期贮藏应采用冷藏或者气调贮藏等方式。

(1)机械冷库贮藏。苹果冷藏的适宜温度因品种而异,大多数晚熟品种以-1℃为宜,空气相对湿度为90%~95%。苹果采后应尽快冷却,最好在采后3天内入库,入库后3~5天降温至贮藏要求的温度。

(2)塑料薄膜封闭贮藏。主要有塑料薄膜袋贮藏和塑料薄膜帐贮藏两种方式。在冷藏条件下,此类方式贮藏苹果的效果比常规冷藏更好。

使用塑料薄膜袋贮藏时,在苹果箱或筐中衬以塑料薄膜袋,装入苹

果,缚紧袋口,每袋构成一个密封的贮藏单位。一般用低密度PE或PVC薄膜制袋,薄膜厚度为0.04~0.07毫米。薄膜袋包装贮藏,一般初期袋内二氧化碳浓度较高,以后逐渐降低,这对苹果贮藏是有利的。冷藏条件下袋内的二氧化碳和氧气浓度较稳定,在贮藏初期的2周内,二氧化碳的上限浓度为7%较为安全,但富士苹果要求二氧化碳浓度应不高于3%。

使用塑料薄膜帐贮藏时,在冷库中用塑料薄膜帐将果垛封闭起来贮藏苹果,目前在生产上应用很普遍。薄膜帐一般选用0.1~0.2毫米厚的高压聚氯乙烯薄膜黏合成长方形的帐子,可以装果几百到数千千克,有的可达上万千克。控制帐内的氧气浓度可采用快速降氧、自然降氧和半自然降氧等方法。在大帐壁的中、下部粘贴上硅橡胶扩散窗,可以自然调节帐内的气体成分,使用和管理更为简便。硅窗的面积是根据贮藏量和要求的气体比例,经过实验和计算确定的。

在各种贮藏方式中,都应首先做好温度和湿度的管理,使两者尽可能地接近贮藏要求的适宜水平。对于人工气调贮藏和自发气调贮藏,除了温度和湿度条件外,还应根据品种特性,控制适宜的氧气和二氧化碳浓度。根据品种特性和贮藏条件,控制适当的贮藏期也很重要,千万不要因等待商机或者滞销等原因而使苹果的贮藏期不适当延长,以免造成严重变质、生理病变或腐烂损失。

2. 梨的贮藏方式

我国栽培的梨的种类及其品种有很多,其中作为经济作物栽培的有白梨、秋子梨、砂梨和西洋梨四大系统,各系统及其品种的商品性状和耐藏性有很大差异。

梨同苹果一样,短期贮藏可采用沟藏、窑窖贮藏、通风库贮藏,在西北地区贮藏条件好的窑窖,晚熟梨可贮藏4~5个月。拟中、长期贮藏的梨,则应采用机械冷库贮藏,这是我国当前贮藏梨的主要方式。

鉴于目前我国主产的鸭梨、酥梨、雪花梨等品种对二氧化碳比较敏感,所以塑料薄膜密闭贮藏和气调库贮藏在梨的贮藏上应用不多。如果生产上要采用气调贮藏方式,应该有脱除二氧化碳的有效手段。

梨的贮藏期管理与苹果基本相同。这里需要强调的是:①贮藏初期对低温比较敏感的品种如鸭梨、京白梨等开始降温时不能太快,应缓慢降温,即果实入库后将温度迅速降至12℃,1周后每3天降低1℃,至0℃左右时贮藏,降温过程总共约1个月时间。②目前长期贮藏的梨大多数为白梨系统的品种,它们对二氧化碳比较敏感,易发生果心褐变,故气调贮藏时必须严格控制二氧化碳浓度小于2%,普通冷库或常温库贮藏时,贮藏期间也应定期通风换气,以免库内二氧化碳和其他气体积累到有害的程度。③梨的贮藏期应适当,贮藏期过长不仅会使果肉组织出现蜂窝状空腔,而且会由于表皮细胞膜透性增强、酸类物质氧化而使果皮发生褐变,这种褐变有时在库内发生,有时在上市后很快发生,会对销售造成极为不利的影响。

3. 山楂的贮藏方式

(1)土窖贮法。我国北方山楂产区大多利用土窖贮藏山楂。土窖是用土、木和作物的秸秆等搭成的贮藏场所。北方农村中的菜窖、土窖洞、薯窖等均可利用,也可用砖、石、水泥等物砌成永久性地窖。土窖多用半地下式。一般窖的地下部深1.5~2米、宽2.5~3米,长度随意。窖的四周用挖出的土堆起高0.5~1米的土墙,上架木梁,横杆支撑。为加强牢固性,窖内可设立支柱。顶上铺秸秆,覆土防寒。根据窖的大小在四周设适量的气眼,顶部留天窗。设窖门,便于管理和搬运。山楂果实怕热,入窖时间不宜过早,一般在11月中旬天气变冷时入窖。刚入窖时,窖内温度比较高,可将气眼、天窗全部打开,以利通风透气、降低窖温;平时白天气温高时打开气眼、天窗通风换气,夜间盖上;最冷时加盖草帘。在窖

内不要使果筐直接接触地面,摆筐处要用砖、木棒或秫秸等排好通风,避免压伤果实。这种贮藏法一般可使山楂贮藏至翌年4月。春暖时可将果筐打开,使之散热,并经常检查,拣出烂果。

(2)缸藏法。此法适用于少量贮藏。将大缸置于阴凉的室内,在缸底放一瓦盆,在瓦盆中间竖一束(4~6根)秫秸;然后将选好的山楂果轻轻装入缸中,装至与缸沿齐平即可。装缸后2~3周,待果温下降、水分有所蒸发、进入12月份天气转冷时,再用牛皮纸或塑料薄膜将缸口封严。此法可使山楂贮藏至翌年4月。

(3)埋藏法。选果、晾果的方法同土窖贮藏。选择背风向阳的地方,挖1米宽、0.8~1米深的坑,其长度依果实多少而定;在坑底铺20厘米厚的细沙,将选好的山楂果倒在沙上,厚度以40厘米为宜;上边再覆盖细沙30厘米,必须高出地面。为使坑内空气流通,在装果的同时,于坑底的中间竖一个10厘米粗的草把,下端插到坑底,上端露出地面。贮藏后无须其他技术管理,可以随用随取。从11月可贮藏至翌年3月或4月。

(4)土窖塑料袋贮藏法。挖一个土窖,一般深3~5米,在窖底横挖拐窖,拐窖的深浅、高低、宽窄,根据土质而定。拐窖底部铺15厘米厚的河沙,把选好的山楂果装入塑料袋内,每袋15千克左右,绑紧袋口,口朝下一袋靠一袋放在河沙上。一般可贮藏至翌年4月。

4.枇杷贮藏方式

(1)窖藏。贮藏前将窖打扫干净,然后将包装用具等放在窖内,用40%福尔马林或20克/米³硫黄粉燃烧熏蒸24个小时,再打开窖门及进、出气孔,将箱(篓)码垛于窖内。一般码垛4~5层,层间互有间隙。此法在20℃、相对湿度为85%~90%条件下可贮藏25天左右。若在包装箱(篓)外面套上打了孔的塑料袋,则贮藏效果更好。

(2)沟藏。选一方便管理的无鼠、虫及牲畜危害的阴凉干燥处,挖深、宽各 1 ~ 1.5 米,长 10 ~ 15 米的沟,沟底铺 6 ~ 7 厘米厚的干净细湿沙(湿度以用手捏团后松之即散为宜),然后将装果箱(篓)摆放在沟内,沟上用打有孔的塑料膜覆盖,最后沿沟搭凉棚。此法在 20℃以下、相对湿度 85% ~ 90% 的条件下,可贮藏 25 ~ 30 天。

(3)塑料薄膜简易气调贮藏。将经防腐处理的果实放通风处发汗 2 天,然后用厚 0.02 毫米聚乙烯薄膜袋包装,放入箱(篓)内;箱(篓)外再套打孔的聚乙烯袋(每个袋上打 8 个直径为 1.5 厘米的圆孔),即可扎紧袋口贮藏。此法在温度 3 ~ 8℃、相对湿度 85% 的条件下可贮藏 3 个月。

三 仁果类水果的运输方式

以苹果为例,苹果流通运输中,常温运输占 95% 以上,冷链运输不到 5%。果商为了防止高温伤害,通常在运输车辆表面覆盖棉被或塑料薄膜、篷布等以保持果实低温环境。运向经济发展水平较低的城市的果实一般个头较小或档次较低,包装以简易塑料袋为主;运往经济发展水平较高的城市及出口的果实一般为精品果,常温运输工具以汽车为主。冷链运输时,运输工具以箱式冷藏车和冷藏集装箱、保温车为主,其保鲜效果好,又避免了其间的"换装"作业,提高了市场效率,但是成本较高,推广缓慢。

▶ 第三节 核果类(桃、杏、李、樱桃)

一 核果类水果的包装

1. 桃的包装

桃的外包装要根据桃的种类和运输条件来选择,其材料应质轻坚

固、无不良气味,箱体的大小应便于堆放和搬运,箱内容积不宜过大,以防止重压、震动、碰撞与摩擦造成的损伤,内部必须光滑。常见的包装材料有瓦楞纸箱、塑料箱和木箱。为了防止水浸湿纸箱,纸箱上需涂石蜡或防水剂;另外,在箱内应加支撑物及衬垫物,以避免摩擦和震动,而且还要有利于通风换气,目前常用支撑物及衬垫物有纸、塑料托盘、瓦楞插板、泡沫塑料。每箱装果5~10千克,也可在箱内铺设0.02毫米厚的低密度聚乙烯袋,袋中加乙烯吸收剂封口,可抑制果实后熟软化。

另外,为了让桃不受损伤,环境通风及充分利用空间,装箱的技术颇为重要。常见的装箱形式有:

(1)直线排列。桃在箱内上下层对齐,适用于小型桃,但底层载荷大,通风透气差。

(2)对角线式。将桃逐个错列摆放,适宜于大型桃,不易滚动,底层载荷小,通风透气好。

(3)同心圆式。常用于圆形篓筐包装,将桃从底层沿篓壁呈同心圆式顺序排列,盛装量大。

(4)板式排列。箱内放置个数一定的格板,桃逐个放入格内,便于计数。

2.杏的包装

杏包装常用泡沫塑料(多孔塑料)制成的箱型包装容器,通常泡沫箱具有保温、隔热、隔音的效果,以起到保鲜的作用。注意千万不要密封,因为杏在采摘后因自身呼吸强度很大,密封温度能达到60℃。另外在泡沫箱强度不太够时也可以用硬纸箱,需预留透气孔。再利用聚乙烯塑料网套逐个将杏套住放入泡沫箱或者硬纸箱中,较好地保持果实的硬度、可溶性固形物含量,对降低果实失重率、发病率具有较好的效果,可有效延长杏的贮藏期。最后装车时箱子之间垫一定厚度的气泡袋(珍珠棉也可)或稻草、麦秆。

3.李的包装

李子运输包装普遍采用瓦楞纸箱,它轻便、价格便宜,因而常作为木箱的替代物。箱内层装,层间衬垫,果间隔挡。有的运输使用发泡塑料网套罩住单果,而不使用隔挡,有的两者均用。瓦楞纸箱要开透气孔保证透气,也可选择塑料小框。

4.櫻桃的包装

櫻桃属于典型的生鲜产品,具有生理代谢旺盛的特点,如果得不到良好的保存则会氧化,导致腐烂、过熟、褐变等情况发生。包装的重要性之一在于尽可能地缩小櫻桃与空气的接触面积,减少氧化情况的发生,降低櫻桃在运输过程中的腐损率,并且配合冷链运输以保持原有口感与质感。因此,櫻桃最常用的包装材料是瓦楞纸箱和泡沫箱。

(1)瓦楞纸箱。规格:内装物最大质量为10千克所对应的尺寸为11厘米×25厘米×40厘米,内装物最大质量为5千克所对应的尺寸为11厘米×25厘米×20厘米;原料:按原纸分类可分为瓦楞原纸、箱板纸(牛皮卡纸、方牛皮卡纸、白卡纸、再生纸);优点:良好的抗压强度和防震性能,质量轻,原料充足,成本低,适合印刷。

(2)EPS(发泡聚苯乙烯)泡沫箱。规格:外尺寸为50厘米×36厘米×30.5厘米,内尺寸为42厘米×28厘米×22厘米;原料:以聚苯乙烯树脂为原料,经辅助加工而成;优点:材质较轻,有良好的保温性,导热系数小,抗震,防摔,绿色环保且耐低温、耐老化。

一般根据运输距离来科学地判断选取的包装材料,短途运输可选择成本低、重量轻、防水防潮效果好、受温度变化影响小的泡沫塑料材质的包装,而长途运输要选择带有保鲜袋的包装箱,减少水分流失,防止水果在长途运输过程中受到机械损害和病原微生物传染。

二 核果类水果的贮藏方式

1.桃的贮藏方式

由于桃子很不耐藏,这是由果实的组织结构和生理特点所决定的。桃果除一层表皮细胞之外,几乎整个可食部分都是薄壁细胞。未熟的桃果坚硬,一旦后熟,薄壁细胞便处于松懈状态,果实变软;桃子果皮的保护性差,易造成机械损伤;而且果实成熟期又在高温季节,采收后后熟作用很快进行。因此,在常温条件下,桃子难以贮藏。桃子目前一般不能长期贮藏,只作短期贮藏。

(1)冷藏。桃的适宜贮温为0℃,相对湿度为90%~95%,贮藏期在3~4周。若贮藏期过长,会引起果实风味变淡,发生冷害且移至常温后不能正常后熟。冷藏中采用塑料小包装,可延长贮期,获得较好的贮藏效果。

(2)气调贮藏。目前商业上一般推荐桃子的气调贮藏条件为0℃以下,氧气浓度1%~2%,二氧化碳浓度3%~5%。但研究认为,减少桃褐变、木质化的最佳气体成分为:氧气浓度3%~8%,二氧化碳浓度15%~20%,将气调或冷藏桃贮藏2~3周后,移到18~20℃的空气中放2天,再放回原来的环境继续贮藏,能较好地保持果实品质,减少低温伤害发生。

最后,桃对二氧化碳比较敏感,当二氧化碳浓度高于5%时易发生伤害。症状为果皮呈现褐斑、溃烂,果肉及维管束褐变,果实汁液少,肉质生硬,风味异常。因此,在气调贮藏中应注意保持适宜的气体指标。

2.杏的贮藏方式

对杏的贮藏方式是通过采用合理的商品化处理技术,控制适宜的温度、湿度、氧和二氧化碳等环境条件,并结合化学或生物等方法延缓杏的生理衰老、控制病原菌侵染、延长货架期。

（1）简易贮藏。杏的简易贮藏通常为阴凉通风处贮藏，一般可贮藏10天左右。我国北方也有采用冰窖贮藏的。保鲜剂和适宜包装的应用可抑制乙烯产生，延长贮藏期限，保持采后贮藏品质。

（2）机械冷藏库贮藏。机械冷藏库贮藏已成为杏贮藏的主要形式，一般适宜温度为0~2℃，相对湿度为90%~95%。为了防止冷害发生而造成果实发生褐变，可采用间歇升温处理减轻其危害。

（3）气调贮藏。气调贮藏在温度–0.5~0℃、相对湿度90%~95%、氧气浓度2%~3%、二氧化碳浓度2.5%~3%的贮藏条件下，杏果的贮藏寿命可达20天。但对低温较敏感品种不宜采用。目前，杏的气调保鲜大都采用PE或PVC保鲜袋包装，可以控制袋内氧气和二氧化碳的含量，延缓果实生理衰老并抑制病菌繁殖。

3.李的贮藏方式

李属于呼吸跃变型果实，采收时气温较高，采后后熟迅速，很快出现明显的呼吸高峰和乙烯产生高峰，加上果实皮薄汁多，极易受到损伤或因病原菌侵染而腐烂，故在常温下贮藏期一般为7~14天。

（1）冷藏。冷藏是目前李果贮藏的主要方法。贮果期间，库温维持在(2±0.5)℃，空气相对湿度为90%±2%。由于冷库能严格控制温、湿度，可显著抑制李果采后生理衰变和病原菌的活动，因而贮期可达40天以上。

（2）气调贮藏。气调贮藏是在冷藏基础上，人工调节贮藏环境中气体成分的一种贮藏方法。李果的有些品种，只有气调贮藏才能获得良好的贮藏效果。有试验表明，用0.025毫米厚的PE薄膜袋封闭贮藏李果，在0~1.1℃，7.8%二氧化碳浓度和11%氧气浓度的条件下，李果可贮藏70天。另据试验，在维持0℃温度、空气相对湿度90%~95%，二氧化碳、氧气、氮气浓度分别为3%、3%和94%的条件下贮藏效果亦好。但是气调库

贮藏设备要求高,生产成本也高。在生产上也可配合适当的低温,采用PVC或PE薄膜包装进行自发气调贮藏。

(3)减压贮藏。减压贮藏是降低贮藏环境中的气体压力,其中也包括降低果实本身放出的乙烯气体的浓度(压力),保持恒定的低压的贮藏方法。在20℃、1.33×10⁴帕条件下的减压贮藏,可显著延缓李果的后熟。

4.樱桃的贮藏方式

樱桃是一种不耐贮运的水果,果实成熟期又正值夏季,气温升高,并且采收期较为集中,采收后,常温下果柄很快枯萎变褐,果实色泽变暗,果肉变软腐烂。

(1)低温冷藏。降低温度,可以降低果实的呼吸消耗,减少水分散失,延缓成熟和果实颜色的变化。樱桃低温冷藏适宜温度为–2℃,湿度为90%～95%,贮期在20～30天。贮温在–2℃时,可防止果实与果柄冻伤,同时也可抑制细菌性腐烂,保持果实原有的色泽。为提高贮藏效果,樱桃在入贮时最好先预冷,采后预冷降温越及时、速度越快,贮藏效果越好。预冷方式可采用冷库强风预冷或直接入冷库,入库前把库温降至–1℃甚至更低一些,使果温迅速降至2℃以下,预冷后在恒定低温、高湿条件下贮藏。

(2)气调贮藏。气调贮藏是人工调节空气的成分,再配以适当的低温来贮藏果实的方法。一般采取降低氧浓度,提高二氧化碳及氮的浓度的方法。樱桃可耐受较高浓度的二氧化碳,在此环境下,有利于保持果柄的鲜艳绿色和果实的良好光泽,还可降低呼吸消耗并明显抑制病菌的生长繁殖。气调贮藏包括人工气调和自发气调,人工气调贮藏樱桃的适宜条件是:温度为0℃,二氧化碳浓度10%～20%,氧气浓度0.5%～2.5%,空气相对湿度90%～95%,贮藏期可超过35天。自发气调是利用具有选择性透气性状的聚乙烯袋,通过果实呼吸自发调节气体成分的贮藏方法。樱桃采收预冷后,采用小纸箱或纸盒内衬0.06～0.08毫米厚的聚乙烯袋扎口贮藏,每件2～5千克。在此条件下,樱桃可贮藏30～45天。采用气调贮藏时,袋内二氧化碳浓度不能超过3%,否则果实会变黑并产生异味。

三 核果类水果的运输

根据现代物流的要求,这些水果都应该采用冷藏车运输,樱桃还应该有二氧化碳前处理。但由于经济原因,不同的运输方式都有应用,运输过程中一定要注意做好防震。樱桃多为普通汽车运输,多在白天采收,田间即装入木箱,每箱15千克左右,夜间快速运送到北京、上海、天津等大城市;但是,大多水果在运输到销售地后质量会大大下降,出现腐烂现象。

▶ 第四节　浆果类(草莓、葡萄、猕猴桃、桑葚)

一 浆果类水果的包装

1.草莓、桑葚的包装

目前用于包装草莓、桑葚的材料主要为塑料箱和瓦楞纸箱。草莓、桑葚的小包装通常为250～500克采用塑料盒或瓦楞纸盒进行包装。若采用瓦楞纸盒,需考虑包装盒的强度问题。同时在运输过程中草莓、桑葚很容易受到各种力的作用而导致汁液流出使纸板受潮从而导致纸板强度下降。在草莓、桑葚被取出后由于汁液渗透到纸板中而无法被清除使得纸板很难被再次利用,使纸材消耗很大。如果采用塑料箱包装,它

具有足够的强度,但如果是密封包装则透气性不良。不过,塑料易于清洗,可以被重复使用,节约了包装材料。针对密封塑料容器透气性不良的问题,可用在塑料容器上开孔的方式来解决,孔径则由成型方法决定并应尽量避免使成型变复杂。

2.葡萄的包装

目前国内的葡萄装箱方式主要是穗梗朝下,每穗葡萄按顺序轻轻地摆放在箱内。也有平放装箱的,尤其在葡萄穗大小不齐、松散不一的情况下,采用较多。目前,生产上采用的葡萄箱规格有37厘米×27厘米×17厘米、36厘米×26厘米×16厘米等,其材质有木箱、纸箱和塑料箱,保温性能好的聚苯乙烯泡沫箱在运输中更受欢迎。目前,进口葡萄和我国的优质葡萄开始大量应用单穗塑料包装袋,塑料袋上打多个孔以利于通风和保鲜剂气体进入,同时上面还可以印刷各种图案。这种单穗包装既有利于防止不同果穗之间的腐烂传染,而且有利于产品的宣传。

3.猕猴桃的包装

鲜食猕猴桃用有绿色食品标志的塑料箱包装,果实按大小分级后,用软纸包装放在果盘的凹槽内,每槽装果盘3～4层。或用木条制成的有绿色食品标志的木箱包装,木条之间留有窄的空隙,以利通气;木箱不宜过深,约摆5层果实,放果前在箱底和周围铺1层草帘,避免碰伤果实。将分级后的果实分级、分箱包装,果实分层排列在木箱内,每放1层,中间加些碎麦秆填充。果实将满后,上面加1层草帘,然后加盖,即可运往市场或仓库。

（二）浆果类水果的贮藏方式

1.草莓的贮藏方式

草莓品种间的耐贮性差异较大,比较耐贮运的品种有鸡心、硕密、狮子头、戈雷拉、宝交早生、绿色种子、布兰登堡等,上海、春香、马群等品种不耐贮运。在用速冻法贮藏保鲜时,宜选用肉质致密的宝交早生和布兰登堡等品种。

(1)冷库贮藏。草莓适宜的贮藏温度为0℃,相对湿度为90%~95%,所以草莓采收后应及时强制通风冷却,使果温迅速降至1℃,再进行冷藏,效果较好。郝利平团队(1993)对宝交早生草莓进行近冰点温度(−0.5±0.2)℃贮藏,相对湿度85%~95%,获得了较好的保鲜效果。此外,由于草莓耐高二氧化碳,在0℃贮藏时,附加10%二氧化碳处理,可延长草莓的贮藏时间,并有较好的防腐效果。

(2)气调贮藏。将采收的草莓先置于0.3%过氧乙酸与50毫克/升赤霉素的混合冷却液中浸渍1分钟,置冷风(0~1℃)下吹干药液后,将果实放入特制的果盘中,再用聚乙烯塑料薄膜袋套好并密封,将其置于0℃冷库中,在相对湿度为85%~95%、二氧化碳和氧气浓度分别为6%和3%的条件下保存,时间可达2个月以上。

(3)速冻贮藏。速冻贮藏应避免冷冻时出现裂果。选成熟度80%(果面4/5着色)、大小适中、无损伤、新鲜的果实,品种以果肉致密的宝交早生、戈雷拉等耐冻品种为好,可避免冷冻时出现裂果。

2. 葡萄的贮藏方式

(1)冷藏。预冷后使葡萄尽快入库,迅速降温。贮藏条件根据品种和贮藏期长短而有所不同,一般是温度保持在−1~0℃,湿度维持在90%~95%。在冷库贮藏时,采用二氧化硫熏蒸处理能够得到比较满意的效果。具体做法:葡萄入冷库后将其码成花垛,然后罩上塑料薄膜帐,在帐内以2~3克/米³的剂量燃烧硫黄,熏蒸20~30分钟,然后揭帐通风。经过10~15天再熏一次,此后隔1~2个月熏一次,这样可使葡萄在0℃左右和90%以上的相对湿度下长期贮藏。也可在库房内直接燃烧硫黄熏

蒸,这种库房的金属管道必须有防锈漆保护。葡萄因品种和成熟度的不同,对二氧化硫的耐受程度也不同,一般果实中二氧化硫残留量在 $10 \sim 20$ 毫克/千克比较安全。浓度过低达不到防腐效果;浓度过高对葡萄有漂白作用,严重时果肉也会受到伤害。

(2)低温简易气调贮藏。葡萄采收后,剔除病粒、小粒并剪除穗尖,将果穗装入内衬 $0.03 \sim 0.05$ 毫米厚的PVC(聚氯乙烯)袋的箱中,PVC袋敞口,经预冷后放入保鲜剂,扎口后码垛贮藏。贮藏期间维持库温 $-1 \sim 0℃$,相对湿度 $90\% \sim 95\%$。定期检查果实质量,发现霉变、裂果腐烂、药害、冻害等情况,应及时处理。

3. 猕猴桃的贮藏方式

猕猴桃的种类有很多,我国现有52个种或变种,其中有经济价值的有9种,以中华猕猴桃(又称软毛猕猴桃)和美味猕猴桃(又称硬毛猕猴桃)在我国分布最广,经济价值最高。目前国内主栽的秦美和海瓦德品种属美味猕猴桃,属中华猕猴桃的品种有魁蜜、庐山香、武植3号等。各品种的商品性状、成熟期及耐藏性差异甚大,早熟品种9月初即可采摘,中、晚熟品种的采摘期在9月下旬至11月上旬。从耐藏性看,晚熟品种明显优于早、中熟品种,其中秦美、海瓦德等是商品性状好、比较耐贮藏的品种,在最佳条件下能贮藏 $5 \sim 7$ 个月。

(1)简易贮藏。简易贮藏方式包括沟藏、窑窖贮藏、地下室贮藏等。中、晚熟猕猴桃品种是在晚秋成熟后采收,此时我国北方的天气已变得比较冷凉。利用这一气候条件,可对猕猴桃进行短期贮藏,晚熟品种可贮藏2个月左右。通风降温和增加相对湿度($80\% \sim 90\%$)是贮藏管理的关键措施,可根据不同贮藏方式而采取相应的管理办法。

(2)机械冷库贮藏。对计划贮藏期较长($3 \sim 4$ 个月)即春节前上市的猕猴桃,只要控制库温在 $0℃$ 左右、相对湿度 $90\% \sim 95\%$,再加上适宜的采收期和果实完整无伤，就会使晚熟品种获得满意的贮藏效果。这种方式的贮藏期虽然比气调贮藏短一些，但是却具有贮藏费用低、管理简便、无气体伤害之虑等优点。

（3）塑料薄膜封闭贮藏。在机械冷库内用塑料薄膜袋或塑料薄膜帐封闭贮藏猕猴桃，是当前生产中应用最普遍的方式。此种方式与气调库的贮藏效果相差无几，晚熟品种可贮藏5~6个月之久，果实仍然新鲜并保持较高的硬度。塑料薄膜袋用0.03~0.05毫米厚聚乙烯袋，每袋装果5~10千克。塑料薄膜帐用厚度0.2毫米左右的聚乙烯或者无毒聚氯乙烯制作，每帐贮量一吨至数吨。贮藏中应控制库温在-1~0℃、库内相对湿度85%以上，并使塑料袋(帐)中的气体达到或接近猕猴桃贮藏要求的浓度：氧气为2%~3%，二氧化碳为3%~5%。

（4）气调库贮藏。气调库贮藏是当前猕猴桃最理想的贮藏方式，在严格控制温度（0℃左右）、相对湿度（90%~95%）、气体浓度（氧气为2%~3%，二氧化碳为3%~5%)的条件下，晚熟品种的贮藏期在6~8个月，果实新鲜、硬度好，贮藏损耗在3%以下。如果气调库配置有乙烯脱除器，贮藏效果会更好。

三 浆果类水果的运输方式

1.葡萄的运输方式

葡萄常温运输受外界气候条件的影响，一般适合短距离运输。亚常温运输是目前采用最多的一种方式。葡萄在运输前先进行低温处理，也叫"打冷""预冷"，然后用冷藏车或普通卡车加盖保温被运输。低温运输要使用冷藏车或冷藏集装箱，由于受到成本及冷却能力的影响，目前使用较少，不过这是发展趋势。

2.猕猴桃的运输方式

猕猴桃的生产有着明显的地域性和季节性。冬季南方猕猴桃运到北方,首先要防热,然后要防止低温伤害。相反,北方猕猴桃南运,首先防冻,其次是防热。所以,猕猴桃的运输既要防冻,也要防热。要根据实际情况及时解决运输中出现的问题,使猕猴桃安全运输到目的地。

▶ 第五节 瓜果类(西瓜、香瓜、哈密瓜)

一 瓜果类水果的包装方式

随着电子商务的飞速发展,瓜果已成为线上消费的主要水果种类之一。虽大多为单个包装,但由于其皮薄、质脆的特点,在运输、快递配送过程中货损严重。

为保证瓜果类水果安全送达消费者手中,在长途运输包装上添加了气柱层,将瓜果类水果破损率控制在千分之一。目前在快递运输上,瓜果类水果内包装主要用防震气柱袋或者缓冲网套袋。

例如西瓜的包装材料主要有传统的竹木编织篓、箱、筐等,现代包装中主要有瓦楞纸箱、塑料周转箱、编织袋、塑料网袋等,而需要长途运输时,主要采用发泡聚丙烯缓冲材料形成缓冲结构,也可以采用瓦楞纸板设计缓冲结构,预防运输过程中的冲击振动对西瓜造成不良影响。

二 瓜果类水果的贮藏方式

1.西瓜的贮藏方式

西瓜不宜长期贮藏,只能在上市高峰,采取应急措施进行短期贮藏,避过高峰,减少腐烂损失。用于贮藏的西瓜要求果形端正,成熟度七八成,无机械伤,采收时带瓜柄或带蔓(长度约20厘米)一起摘下。采收最好在上午八九点和傍晚进行,这时瓜温较低,田间热少,利于贮藏。采收时要轻采轻搬,采下的西瓜要集中放置于阴凉处或立即运回仓库,避免日晒雨淋。

(1)沙藏保鲜法。这是一种民间做法。在通风的房间地面上铺10厘米厚细沙作贮藏用。关键是选择天气和瓜的成熟度。在阴天或晴天傍晚采收七到八成熟的西瓜,要求无伤、无病虫害。每个西瓜留3个蔓节,保留瓜蒂附件2~3片绿叶,将瓜蔓剪断后,当即用洁净的草木灰糊住截断面。将瓜及时运至库房,一个个摆放在细沙上,并加盖细沙3~5厘米,所留绿叶必须露出沙面,这样有利于制造养分,保瓜增熟。然后用磷酸二氢钾100克兑水50千克制成溶液,喷洒叶面,以后每隔10天喷洒1次,以保持叶片青绿。当日采收的瓜当日贮藏,不藏隔夜瓜。用这种方法贮藏的西瓜,一个半月仍全部完好,并能保持品种特色、风味和营养。在贮前用0.1%浓度的甲基托布津洗瓜,晾干后再摆放,贮藏效果更好。

(2)常温贮藏保鲜法。选生长良好、无病虫害、瓜皮坚韧、八成左右熟的健壮瓜留作贮藏。采瓜前一星期左右,田间喷洒一次1000倍托布津或多菌灵,给西瓜灭菌。

(3)盐水浸泡保鲜法。选取成熟的中等个头的西瓜,先用清水洗一下,再放入25%~30%的盐水中浸泡15~20分钟,然后取出晾干,密封在聚乙烯口袋内(不能用聚氯乙烯袋子或化肥袋子)藏入温度基本稳定在12~15℃的地窖里,也可放入防空洞或天然洞中。

(4)低温贮藏保鲜法。西瓜适于低温贮藏,其适宜的温度为3~5℃,相对湿度为80%~85%,冷藏期一般可达12个月。其选瓜、药物处理、堆垛和检查方法与常温贮藏法相同,关键是保持库内温度、湿度稳定和适

时出库销售。

(5)石灰贮藏保鲜法。利用熟石灰的隔温和阻隔性,使西瓜与外界隔离。具体方法:贮藏前先用稀释300～500倍的高锰酸钾水溶液将容器消毒,然后阴干。贮藏时容器底先铺上约3.5厘米厚的熟石灰,把消过毒的西瓜分层放入,摆满,然后用塑料布将容器盖严,捆紧。用这种方法,一般可贮藏40多天。

2.甜瓜、哈密瓜的贮藏方式

哈密瓜是厚皮甜瓜中的一个品种,是我国新疆的特产。哈密瓜的品种有很多,一般晚熟品种生育期长(超过120天),瓜皮厚而坚韧,肉质致密而有弹性,含糖量高,种腔小,较耐贮藏,如黑眉毛蜜极甘、炮台红、红心脆、青麻皮和老铁皮等是适合贮藏或长途运输的主要品种。早熟品种不耐贮藏,采后应立即上市销售。中熟品种只能进行短期(1～2个月)贮藏。

(1)常温贮藏。在阴凉通风的地窖或者其他场所,哈密瓜可进行短期贮藏。在地面上铺设约10厘米厚的麦秸或干草,将瓜按"品"字形码放4～5层,最多不超过7层。也有在瓜窖将瓜采用吊藏或搁板架藏的,这些方式可减少瓜的损伤和腐烂。贮藏初期夜间多进行通风降温,后期气温低时应注意防寒保温,尽可能使温度降至10℃以下,保持3～5℃,相对湿度80%～85%,这样可贮藏2～3个月。

(2)冷库贮藏。在冷库中控制适宜的温度和湿度条件,可使哈密瓜腐烂、病害减少,糖分消耗降低,延长贮藏期。一般晚熟品种可贮藏3～4个月,有的品种可贮藏5个月以上。在冷库中贮藏时,可将瓜直接摆放在货架上,或者用箱、筐包装后堆码成垛,或者装入大木箱用叉车堆码,量少时也可将瓜直接堆放在地面上。

(3)气调库贮藏。虽然哈密瓜适用于气调贮藏,但因其瓜皮在湿度较高的环境中易滋生炭疽病而导致腐烂,所以不适宜用塑料薄膜帐、塑料薄膜袋以及塑料薄膜单瓜包装。故气调贮藏时最好在气调库中进行,控制温度在25℃,相对湿度80%~85%,氧气浓度3%~5%,二氧化碳浓度1%~2%。这种方法贮藏期可比冷库贮藏延长1个月以上。

三 瓜果类水果的运输

水果运输的条件比较复杂,有的水果品种怕冷,有的怕热,多种水果同时运输要求运输温度保持在0~4℃,而香蕉最好在12~14℃,才能保持良好的质量。有些柔软多汁的水果,抗机械伤能力弱,所以运输中应注意几个方面:做好质量检查,选择适合水果特点的包装,装载要留有通风空隙,途中保持水果所要求的温度。

水果需要用冷链包装箱包装,冷链包装可以使水果在运输过程中温度一直维持在10℃以下1~3天,也能够避免在运输过程中因箱子坏掉而影响水果的质量。

第六节　柑橘属(橘、柑、橙)

一 柑橘属类的包装方式

(1)单果包装。使用透明聚乙烯薄膜袋。包装柚类的薄膜袋厚度为0.015~0.03毫米,包装其他柑橘类的厚度为0.01毫米。果实预贮后,装入薄膜袋,拧紧袋口,袋口朝下放置。

(2)贮藏包装。用木箱或塑料箱作为柑橘贮藏包装箱,装箱时箱体内最上层留有5~10厘米高的空间,每箱装果以15~25千克为宜。

(3)出库包装。使用双瓦楞纸板箱或单瓦楞纸板箱。箱体大小以装

5~15千克为宜。

其他包装要求,按《苹果、柑桔包装》(GB/T 13607-1992)、《包装储运图示标志》(GB 191-2000)规定执行。

二 柑橘属类的贮藏方式

一般早、中熟品种包装后应尽快运输上市。耐贮的中熟或晚熟品种预冷后放入低温库或室内贮藏,库温保持在各品种适宜温度,相对湿度保持在85%~90%。一般来讲,橘类较耐低温,柑类和橙类次之,柠檬最不耐低温。柑橘类果实对低氧气和高二氧化碳十分敏感,柑橘中橙类虽能耐受2%的二氧化碳,但控制不好,也会产生二氧化碳伤害。因此不适于采用气调贮藏。在柑橘贮藏过程中,应注意通风,以便排出多余的二氧化碳气体。

三 柑橘属类的运输方式

运输工具必须干净、干燥、无异味,要有通风、防日晒和防雨雪渗入的设施。柑橘的生产有着明显的地域性和季节性。冬季南方柑橘运到北方,首先要防热,然后要防止低温伤害。

▶ 第七节 坚果类(板栗、核桃)

一 坚果类的包装方式

1.板栗的包装方式

板栗包装用得最多的是编织袋,过去是用麻袋作为外包装,内衬为聚乙烯薄膜袋,这种包装能防止果实内水分的过度散失。也有用聚乙烯薄膜作为小袋包装的,一般选0.06~0.08毫米厚的材料,袋的两侧要打通气孔,以便通风、透气、散热。也有用薄膜袋作为内包装,外包装采用纸箱或竹筐的。

2.核桃的包装方式

核桃一般应用麻袋包装,麻袋要求结实、干燥、完整、卫生、无毒、无污染、无异味。壳厚小于1毫米的核桃可用纸箱包装。麻袋包装袋上应系挂卡片,纸箱上要贴上标签,均应标明品名、品种、等级、净重、产地、生产单位名称和通信地址、批次、采收年份、封装人员代号等。出口商品也可根据客商要求,每袋装45千克左右,袋口用针线缝严,并在袋左上角标注批号。

二 坚果类的贮藏方式

1.板栗的贮藏方式

(1)简易贮藏法。简易贮藏法指将整理好的栗果用衬有塑料膜的麻袋或箩筐包装好,放入阴凉背光的普通仓库或通风库内。用箩筐包装的可以堆码,麻袋包装的放于货架上,这样可增加贮量,并注意经常通风散热,并定时在袋外适当喷洒水雾,以保持袋内湿度,管理得当可贮藏3~4个月。也可用沙藏法,具体做法是先用砖围成方框,在地面上铺一层秸秆或稻草,然后铺沙5~6厘米厚,沙的湿度以手捏成团、松手能散开为宜,可采用1份板栗2份沙混合堆放,也可在沙上堆放板栗。若采用第一种方式,每层厚5厘米左右,一层板栗一层沙,最上面铺沙5厘米左右,然后覆盖稻草等物,可堆积至总厚度达1米,宽1~1.5米,长度不限。贮藏时应注意保持沙的湿度,每隔半个月翻动检查一次,翻动时如发现霉烂、发芽的板栗,应剔除干净;如霉烂、发芽较多,说明水分过多,应延长淋水

时间间隔,并通风换气一段时间;如腐烂严重,则及时出库。有的地方也用锯末、谷糠等填充物来进行保湿贮藏。

(2)冷藏保鲜法。冷藏保鲜指贮温为 0~1℃,相对湿度为 90%~95%。关键措施是保湿,并注意通风换气。保湿方法:通入潮湿的冷空气,用塑料薄膜袋包装或每隔 4~5 天适当喷洒冷水。用衬有塑料薄膜的麻袋包装,冷藏可贮藏 2~10 天,自然损耗仅为 2%,腐烂只有 1.4%。这种方法可分别用冷库、冰箱加以实现。

(3)气调贮藏保鲜法。板栗对温、湿度敏感,低湿环境易失水,造成栗果干瘪和硬化,而湿度过大,又易腐烂,温度高时则易发芽,所以要很好地控制温度和湿度。板栗适宜的贮藏条件是温度为 0~1℃,相对湿度为 90%~95%。气调能延长板栗的贮藏寿命,适宜的气调条件为二氧化碳浓度不超过 10%,氧气浓度以 3%~5%为宜。

(4)乙酸或盐水贮藏法。所谓乙酸或盐水贮藏是用 500 克乙酸加 50千克水配成乙酸溶液,用此溶液喷洒板栗,注意使所有的板栗都能均匀接触乙酸溶液,待板栗稍晾干后,装入麻袋,悬空挂起贮藏。在贮藏初期还应进行 2~3 次的类似处理。也有用 2%的食盐和 2%的碳酸钠混合液浸泡 1 分钟捞起晾干,装袋贮藏的。

(5)速冻保鲜贮藏法。将板栗放在 -40~-30℃的速冻室内进行冻结后,再放入 -20~-18℃的贮藏室进行保贮。速冻板栗需要用冷藏车运输,以便于保持冷冻状态。

2.核桃的贮藏方式

用于贮藏核桃的库房应事先进行消毒、灭虫。一般采用二硫化碳或溴甲烷熏蒸 4~10 个小时可防止核桃腐败。通常把晒干的核桃装在麻袋或尼龙编织袋里,置于普通的贮藏库内。库内要求阴凉、干燥、通风、背光,可利用冷空气对流将库温降至 15℃以下。因为冬季气温低、空气干燥,产品不至于发生明显的变质现象。故秋季入库的核桃不用密封,待次年2月下旬气温逐渐回升时,再用塑料薄膜密封保存。采用塑料帐密封贮藏核桃,不但可抑制呼吸降低消耗,而且能抑制霉菌防止霉烂。当帐内充入二氧化碳浓度到20%～50%、氧气浓度为2%时,可防止由脂肪氧化而引起的哈败及虫害。

机械冷库贮藏核桃及核桃仁的效果更好、安全性更高。干燥后的核桃在冷库温度为0℃,相对湿度为70%～80%的条件下,贮藏期可达2年;若向帐内充入氮气,则贮藏效果更佳。

三 坚果类的运输方式

常温运输时,可将板栗、核桃装入麻袋内,注意通风、阴凉、背光,防止霉烂和发热等问题的发生;晒干后放在通风的地方,防潮湿、雨水。

冷藏运输时,控制–2～0℃的贮藏温度,用麻袋或木箱包装,分层摆放于车内,控制60%～70%的相对湿度。冷藏运输时的湿度很重要,湿度过高板栗、核桃易生霉腐烂;湿度过低则使板栗仁、核桃仁变干变硬,降低品质。

第五章 ▶ 蔬菜类农产品的包装与储运

▶ 第一节 技术概况

蔬菜是人们日常饮食中必不可少的食物之一,它可提供人体所必需的多种维生素和矿物质等营养物质。其中,人体必需的维生素C和维生素A的最佳食物来源就是蔬菜。此外,蔬菜中还含有多种植物化学物质,是人们公认的对健康有效的成分。研究发现,果蔬中的营养素还可以有效预防多种慢性、退行性疾病。

新鲜果蔬产品收采后,在贮藏、包装前,需要根据果蔬种类、贮藏时间、包装形式、运输方式,以及销售目的等因素进行一系列的处理。这些处理对减少采后损失、提高新鲜果蔬产品的商品性和耐贮运性能具有十分重要的作用。新鲜果蔬产品的采后处理过程主要包括整理、挑选、预贮愈伤、药剂处理、预冷、分级等环节。处理时可以根据产品的种类,选用全部的措施或只选用其中的某几项措施。

对于新鲜蔬菜的包装,内包装可采用塑料薄膜、塑料薄膜袋等,外包装可采用筐、袋、木箱、瓦楞纸箱等。选择包装容器时应注意:内包装要起到有效抑制新鲜果蔬产品的呼吸作用,从而减少水分损失,最大限度地保存产品的品质,延长货架期,使产品在流通中保持良好的稳定性,提高商品率;外包装要有足够的强度以承受堆叠压力,包装件的结构尺寸应注重运输工具的装载率,最大限度地利用装载空间。同时,外包装还应具有耐贮藏库里高湿的特性。

蔬菜类的贮藏方式很多。目前,气调保鲜被认为是国际上最有效、最先进的果蔬保鲜方法之一,其主要机理是:在维持果蔬生理状态的情况下,控制环境中的气体成分,从而达到延缓果蔬衰老、延长货架期和贮藏期,使其更持久地保持新鲜和可食状态。

随着现代社会人口的高度集中、生产分工的高度专业化及交通条件的发展,果蔬的生产与消费方式必然由就地自产自销转向生产地与消费地依靠长途运输连接的方式。果蔬产品冷链物流产业是产后农业的重要一环,为保证果蔬的品质,提高经济效益,整个运输过程都要求在特定的温度下进行。然而,当前我国的果蔬产品绝大多数都是采后直接进入市场,没有任何预冷、保鲜的处理措施,这也使果蔬产品失去巨大的增值机会和空间。

我国的果蔬冷链物流行业缺乏规范运作的相关法规、技术标准和系统理念,同时果蔬产后保鲜、冷链物流产业应用范围狭窄、发展滞后,每年果蔬的损失率高达30%,浪费现象十分严重,而发达国家的果蔬损失率则普遍控制在10%以下。在发展过程中,我国果蔬总量中只有不到30%利用低温物流,品种也仅限于一些经济效益比较高的水果,而发达国家的低温物流利用率一般在70%左右。造成这种现象的原因,一方面是由于缺少资金,种植户把绝大部分资金投入果蔬种植中,没有足够的资金和精力投入冷库建设、车辆的购买和使用;另一方面是投入和产出的严重不对等,冷藏车运输成本太高,装载量又少,造成了种植户宁愿浪费掉一些果蔬,仍然选择使用普通的运输车辆进行短途运输的局面。由此可见,发展冷链物流尤为迫切,但也存在着成本高等制约条件。

▶ 第二节　茄果类(番茄、青椒)

一 茄果类蔬菜的包装

1.番茄的包装

番茄的包装一般分为内、外包装两部分,外界的冲击先作用于外包装,减震后传给内包装,最后才作用于番茄本身。

例如有一种番茄包装箱,其包装组成分为内外包装。在外包装的底部设置摩擦盘,内包装的外底壁粘接着泡沫塑料,且泡沫塑料接触摩擦盘;内包装的各外侧壁上均设置缓冲结构,内包装外侧壁通过缓冲结构连接外包装的内侧壁;内包装的侧壁和底壁均有夹层,夹层内部填充有酚醛泡沫。因此,当两个包装箱发生碰撞时,缓冲结构的缓冲作用会对内包装进行减震,避免了因碰撞对番茄造成损伤,从而提高番茄的良品率。番茄运输包装最常用的是瓦楞纸箱,因为它方便堆叠和搬运。

2.青椒的包装

青椒的包装主要包括塑料薄膜和专用硬纸箱。因为新鲜青椒对于外界温湿度较为敏感,所以在包装前要进行预处理,以保持适宜的温度和湿度。在运输过程中,还应尽量避免包装箱裸露在外界,减少外界对青椒的影响。

二 茄果类蔬菜的贮藏

1.番茄的贮藏

(1)普通贮藏保鲜法。利用地窖、地下室、防空洞、通风贮藏库等阴凉场所实现,这些场所使番茄在夏秋季节处于较低温的环境。将待贮番茄装在果筐或木箱中平放在地面上,或将果实堆放在菜架上,每层菜架放2~3层果实。要经常检查,随时挑出已成熟果实或不宜继续贮藏的果实,此法可贮藏20~30天。

(2)冷库贮藏保鲜法。采用冷库贮藏番茄,应将库温控制在10~13℃,相对湿度为80%~85%。贮藏中每隔7~10天翻倒一次,将已经成熟的番茄及时挑出供市场销售。贮期要注意通风换气,及时排除呼吸产物,以降低番茄的成熟速度。这种方法宜在货架上存放并用小袋包装,以便于挑选。

2.青椒的贮藏

(1)袋藏法。采用一定规格的塑料袋,在袋子的上、中、下部用图书钉扎透气小孔,装入青椒,扎紧袋口,再用纸箱进行包装。这种方法适合长途运输青椒,可以减少运输途中的货物损失。

(2)低温贮藏保鲜法。青椒在高温条件下会加快其呼吸而产生热量,解决的办法是通过降温来控制,低温贮藏就可达到这一目的,也就是在冷库中进行贮藏。

三 茄果类蔬菜的运输方式

新鲜蔬菜含水量高,属于鲜活易腐产品,需要优先调运,不能积压、堆积。茄果类短途公路运输所用的运输工具包括汽车、拖拉机、畜力车和人力拖车等,其中汽车包括普通运货卡车、冷藏汽车、冷藏拖车和平板冷藏拖车。水路运输中,短途转运或销售使用的运输工具一般为木船、小艇、拖驳和帆船,远途运输则用大型船舶、远洋货轮等,远途运输的轮船有普通舱和冷藏舱。铁路运输工具有普通棚车、通风隔热车、加冰冷藏车、冷冻板冷藏车。集装箱有冷藏集装箱和气调集装箱。

▶ 第三节　叶菜类

一　叶菜类的包装

叶类蔬菜主要指以叶为主要可食部分的蔬菜,例如白菜、芹菜、菠菜、香菜等。这类蔬菜含水量较高,新陈代谢旺盛,在贮藏期间易引起腐烂,故在进行包装运输设计时需要考虑其高温下的问题。

例如白菜喜冷湿,包装容器可采用竹木编织筐篓、塑料编织袋、塑料薄膜等。运输过程要注意货物堆积重量,避免压烂、压碎的现象。储存白菜的仓库遵循先进先出原则,即先储藏进来的白菜先出库,一旦到规定储存有效期就全部出库,否则会失去商品价值。

二　叶菜类的贮藏

芹菜根茎耐寒性差,根据这一特性,贮藏通常采用气调冷藏。内包装一般采用聚乙烯及复合编织袋包装,还要在袋子上留有专门的透气孔。外包装采用瓦楞纸箱,将捆扎好的内包装放入。在包装箱上也要开透气孔,并在箱体表面附着一层聚乙烯塑料薄膜。

三　叶菜类的运输方式

叶菜类运输方式多种多样,其中蔬菜的包装要适当,堆码要合理。包装和堆码既要紧凑以防止倒塌,又要通风以利于散热,还要能够防止颠簸导致机械伤害而引起腐烂。新鲜蔬菜的运输要采用周转箱包装,避免散装散运,杜绝采用硬质工具装卸,防止产品因反复倒腾而受伤。此外,还要防止被重压,车上的堆码层数不要过多,包装箱上严禁坐人或堆放重物。另外,要根据沿途的气候条件和不同品种对温度、湿度的不同要求采用适当的温度、湿度调节措施,防止产品受冷或受热。在路面崎岖的公路上,车速要慢,尽量减少颠簸导致的机械伤害。在装卸过程中要轻拿轻放,文明操作,防止产品被碰伤、压伤。在中转换乘时,要将产品放置在环境适宜的清洁场所,避免日晒雨淋。

▶ 第四节 根菜类(马铃薯、藕、生姜、大蒜)

一 根菜类蔬菜的包装

1. 马铃薯的包装

马铃薯的运输包装有草袋、麻袋、网袋和纸箱等。马铃薯在运输过程中受外界温湿度影响较大,且日光照射会降低商品价值,因此,需要避免光照。

2. 藕的包装

藕属睡莲科植物,其营养十分丰富,是我国水生蔬菜中栽培面积最大、供应期最长的种类之一。对于量少的藕,可以用带卡扣的塑料袋包装。只需将藕修剪整齐,用卫生纸将其包裹后放入袋中,然后抽出袋中空气即可。对于量多的藕,就用干净的绵纸包装。把铺开的绵纸用水打湿,将藕理齐后,分成5支一组,用绵纸卷起来,要求将顶芽包在绵纸里,而且纸卷要紧实,不松散。接着,将包装好的同一个品种放入一个或多个塑料袋中,打上标签。再将裹好的藕放进泡沫包装箱里并塞紧,不让其在箱内晃动。最后,将包装箱封口即可。

3.生姜的包装

生姜的包装一般用网袋、塑料薄膜、纸箱等。可用聚乙烯塑料袋包装后扎袋封口,再装入纸箱,用封口带封口。规格一般为20千克/箱,以利于规范堆码。为使库内空气流通,有利于降温和保持库内温度分布均匀,货箱应距离墙壁30厘米以上。

4.大蒜的包装

大蒜应按规格等级分别包装,单位重量一致,大小规格一致,包装箱或包装袋要整洁、干燥、透气、无污染、无异味,绿色食品标志设计要规范,包装上应标明品名、品种、净含量、产地、经销单位、包装日期等信息。

二 根菜类蔬菜的贮藏

1.马铃薯的贮藏

马铃薯含水量较大,贮藏限制条件较多,需要进行通风处理,保持室内温、湿度在一定合适范围。马铃薯贮藏方法包括堆藏、沟藏、窖藏。

(1)堆藏。选择通风良好的库房,用福尔马林和高锰酸钾混合后进行喷雾消毒,24个小时后,即可将预贮过的马铃薯进库堆藏。一般每10平方米堆放7500千克马铃薯,四周会用板条箱、箩筐或木板围好,中间可放一定数量的竹制通气筒,以利于通风散热。这种堆藏法只适于短期贮藏和秋季马铃薯的贮藏。生产中应用较多的堆藏法是以板条箱或箩筐盛放马铃薯,采用"品"字形堆码在库内。用板条箱盛放时,每箱装20千克马铃薯是最佳的重量,而且装至离箱口5厘米处即可,以防压伤,且有利于通风。

(2)沟藏。马铃薯收获后,经过预贮处理,然后放入深1~1.2米、宽1~1.5米、长度不限的沟内。薯块堆至距地面0.2米处,上面覆盖挖出来的新土,此后随气温的下降分次覆土,覆土厚度以沟内温度不低于5℃为限。温暖地区也可以用秸秆等物覆盖。

(3)窖藏。西北地区土质黏重坚实,适合建窖贮藏。通常用来贮藏马铃薯的是井窖和窑窖,每窖的贮藏量在3000~3500千克。由于只利用窖口通风调节温度,所以保温效果好。这种贮藏方法的缺点是不易降温,使薯块入窖的初温较高,呼吸消耗大。因此,在这类窖中,薯块不能装得太满,并注意初期应敞开窖口降温。窖藏过程中,由于窖内湿度较大,容易在马铃薯表面出现"发汗"现象。为此,可在薯堆表面铺放草毡,以转移出汗层,防止萌芽和腐烂。

2. 藕的贮藏

(1)埋藏保鲜法。藕茎成熟收获后,先进行清洗、消毒,再剔除伤、残、烂(病)、断节漏气或细瘦的藕,然后在露地或室内按照一层细沙土一层藕的顺序堆放5~6层,再往上覆土100~200毫米即可,这种方法可贮藏3~4个月。注意,细沙土湿度以手捏不成团为宜,20~30天检查1次。另外,也有直接用湿泥进行埋藏保鲜的。

(2)塑料大帐保鲜法。将藕进行清洗、消毒等处理后放入塑料大帐内,帐不严格密封,每2天放1次气,此法可贮藏50天左右,总损耗为2.5%。

(3)水藏法。将藕洗净放入水浸渍,5~6天换1次水,可贮藏2个月左右。

(4)真空低温保鲜法。将挑选的莲藕用尼龙薄膜包装,加入少量的除氧剂后进行抽真空,最后进行密封。一般每袋以2~3千克为宜,或1千克装更佳,真空包装后的莲藕放于冷库中贮藏,并将冷库中的温度调到莲藕最适温度,即0℃,这样便可达到4个月以上的保鲜期。

3. 生姜的贮藏

(1)常温贮藏。生姜常见的常温贮藏方式有坑藏和井窖贮藏两种,

这两种方式的原理和管理技术基本相同。井窖贮藏适合在土质黏重、冬季气温较低的地区应用，而地下水位较高、不适合挖井窖的地方则多采用挖坑埋藏。贮藏期管理的技术要点是既要防热又要防寒。入窖初期的生姜呼吸旺盛，窖内积聚的热量多，温度较高，此时应将窖顶打开，保证充足的通风量。贮藏1个月后，姜块逐渐老化，此时应将窖顶部分盖严，在保证足够通风量的同时使窖温升高（约达到20℃），这样做可有效提高生姜的耐贮性。以后姜堆会逐渐下沉，此时应及时用覆土将窖顶出现的裂缝填实，防止冷空气进入使姜块受到冷害。使用这种方法贮藏的生姜一般可到第二年春末出窖。

（2）冷库贮藏。生姜同其他根茎类蔬菜一样，只要给予适宜的温度（13～14℃）和相对湿度（90%～95%），就能够安全有效地贮藏，贮藏期可达到6个月以上。相较于常温贮藏，冷库贮藏无疑是更好的方式。

4.大蒜的贮藏

（1）常温贮藏。常温贮藏分为挂藏、垛藏、筐藏等简易方式。其中，挂藏法是在大蒜收获后，先将大蒜晾晒2～3天，再把大蒜叶编成辫，每辫40～60头，长约1米，选择阴凉、干燥、通风的房屋或荫棚，将蒜辫挂在木架上，不接触地面，四周用席子围上，防止淋雨和水浸。挂藏由于通风良好，而且在贮藏前对大蒜进行了晾晒处理，因此可有效减少贮藏期的腐烂损失。需要强调的是，大蒜晾晒后千万不能遭受雨淋或水浸，否则，易腐烂和促使其发芽。

（2）冷库贮藏。近年来，由于大蒜的市场需求量逐年增大，其经济价值明显提高，所以冷库贮藏大蒜的规模发展很快。把经过晾晒处理且符合质量要求的蒜头装入尼龙编织网袋中，每袋装20～30千克，堆放在温度为–10～0℃、空气干燥的冷库中，就能长期、安全地贮藏，没有萌芽之虑。贮藏期一般为6～8个月。

三 根菜类蔬菜的运输方式

相较于其他类型蔬菜,根菜类蔬菜保鲜时间长,因此运输工具的选择范围较广,主要以公路和铁路运输为主。公路运输的特点是:投资少,见效快,机动灵活,运行速度快,装卸方便,便于开展"点对点"的直达运输。其缺点是:装运量小,燃料消耗大,运输费用高。利用公路运输灵活方便这一特点,可以迅速集中或分散车站、码头的产品,提高运输效率。在交通不便、无铁路和水路的偏僻地区,公路运输是进行长途运输的主要方式。

▶ 第五节 豆荚类(豇豆、青豆)

一 豆荚类蔬菜的包装

1.豇豆包装

豇豆一般采用塑料筐、板条箱、瓦楞纸箱等包装容器包装。在豇豆充分预冷后,装入内衬塑料薄膜保鲜袋的瓦楞纸箱中,在表层豆荚上放上一层包装纸或吸水纸,再平折或松扎袋口。

2.青豆包装

青豆又名大豆、豌豆。其内包装主要以使用封口塑料袋为主,也可以罐装,外包装主要使用瓦楞纸箱。

二 豆荚类蔬菜的贮藏

1. 豇豆的贮藏

（1）气调贮藏保鲜法。选择耐贮藏的豇豆，预冷处理后将豆角装入经过清洗、晾干的塑料筐中，并使框内豆角最高层距离筐口8～10厘米，以利于气体流通。在冷库地面垫上两层红砖，再在砖块上铺上一层薄膜帐，然后将塑料筐放在地面的薄膜帐上，码成垛，垛的大小视帐的规格而定。

（2）冷藏保鲜法。选择生长饱满，籽粒未显露的豆荚为宜。装筐时，将豇豆一把一把地平放，中间留一定空隙，不要塞得过紧，然后搬入冷库内码垛，最后罩上塑料薄膜帐。

豇豆收获后应就地整理、分级，及时包装、运输。运输时要做到轻装、轻卸，严防机械损伤，还要做到防热、防冻、防冷、防雨淋。运输工具应保持清洁、卫生，短途运输中的温度宜保持在4～8℃。

2. 青豆的贮藏

（1）通风窖保鲜法。青豆入窖后可装入荆条筐或塑料筐贮藏。为了防止青豆水分散失，要先用塑料薄膜垫在筐底及四周，且塑料薄膜应长出筐边，以便装好青豆后能将豆荚盖住。还要在筐四周的塑料薄膜上打20～30个直径为0.5厘米左右的小孔，小孔的分布应均匀。另外，要在菜筐中间放两个由竹子编成的直径为5厘米的圆柱形通气筒，以便于气体交换，防止二氧化碳累积。每筐青豆约装八成满，通气筒要露出并高于青豆表层约3厘米，最后将装筐完成的青豆放在菜架上。

（2）冷库贮藏保鲜法。将待贮青豆装筐，进行预冷处理。在库温（9±1）℃、相对湿度95%的条件下进行贮藏，贮藏中要注意通风换气，防止二氧化碳浓度高而引起青豆中毒。

(3)气调贮藏保鲜法。先用聚乙烯塑料薄膜对菜豆进行小袋包装，同时控制包装的二氧化碳含量。

三 豆荚类蔬菜的运输方式

为了保持豆类的优良品质，从商品生产到消费需要维持一定的、适宜的低温，形成从生产到销售整个过程的低温流通体系，在贮藏、运输、销售的系列过程中实行低温保藏，以防止产品新鲜度和品质的下降。如果冷链系统中任何一环脱节，就将破坏整个低温冷链贮运系统的完整实施。整个冷链系统包含一系列低温处理冷藏工艺和技术。低温冷链贮运系统贯穿于从生产到消费的整个过程中。

▶ 第六节　食用菌类

食用菌是对可以食用的大型真菌的统称，是指真菌中能形成大型子实体或菌核并能被食用的种类，常称之为菌、菇、耳、蕈等。食用菌的营养价值很高，还含有丰富的功能性成分，具有一定的保健作用，但其含水量高，组织脆嫩，采摘后在室温下极易腐烂变质。

一 食用菌的包装

将食用菌分装在气调保鲜袋（通常为聚乙烯保鲜袋）内，盛放在周转筐或纸箱内，每箱以装5千克为宜，采取"品"字形码垛，确保各个箱体之间有良好的通气风道，以防形成积温，从而造成局部保鲜温度升高、保鲜过程中变褐甚至腐烂的状况。

由于食用菌多适合气调贮藏，在生产中宜采用MA包装技术。应用

的保鲜袋主要有0.02~0.04毫米厚的PE或PVC保鲜膜,每袋装1千克左右,并扎口贮藏。1天后当气体中的二氧化碳浓度达13%、氧气浓度达1%时,用针扎孔,可保持气体相对稳定。

低氧和高二氧化碳环境配合低温条件,对抑制食用菌衰老相当有效。充入20%浓度的二氧化碳,可有效阻止双孢菇开伞,但要注意防止高温。另外,高温时包装袋不宜大于10千克/袋,防止造成低氧和高二氧化碳伤害。

二 食用菌的贮藏

食用菌以其商品性状分为鲜品、干品及其他加工品,本节仅针对新鲜食用菌而言。

(1)冷库贮藏。大多数新鲜食用菌经过冷藏后有20天以上的保鲜期,贮藏效果比在常温下贮藏更好。因此,生产中新鲜食用菌的保鲜普遍采用冷库贮藏,贮藏温度以0~1℃为宜。库房内的相对湿度控制在90%左右,还要求贮藏期间库温恒定。经过冷藏的食用菌出库后,在常温下会很快衰老、腐烂,造成常温销售的货架期很短,因此,新鲜食用菌的贮藏和销售最好都在冷链中进行。

(2)气调贮藏。许多试验证实,高浓度的二氧化碳对新鲜食用菌具有明显的抑制生长作用,目前商业上采用气调库贮藏鲜蘑菇时,二氧化碳浓度达到25%,效果很好。也可采用简易气调法,通常是用塑料薄膜袋对新鲜食用菌进行包装贮藏。例如,用厚0.08毫米的PE薄膜做成尺寸为40厘米×50厘米的袋子,每袋装1千克双孢蘑菇,封口后,利用自发气调,48小时后袋内的氧气浓度会达到0.5%、二氧化碳浓度为10%~15%。使用这种方式贮藏的双孢蘑菇在16℃下可保鲜4天,在0~3℃可保鲜20天;利用打孔的纸塑复合袋在15~20℃下贮藏草菇,可保鲜3天;用孔径为4~5毫米的多孔PE或PP塑料袋包装香菇,在10℃下可保鲜8天,在1℃下可保鲜20天左右。

三）食用菌的运输

如果路途较近可采用泡沫箱包装,出库前应提前在冷库内装好箱,这样在运输过程中不会造成太大的温差(温差会使菇体表面形成结露,继而很快引起褐变和销售过程中的腐烂),运到销售地点后应立即卸车入库。如果需长途运输,采用冷藏车最好。

蘑菇、香菇、凤尾菇可采取加冰运输,方法是在木箱或塑料箱内垫衬一层塑料薄膜,底部放5厘米左右的碎冰,中部放一个装有碎冰的塑料袋,四周放置菇体,装七八成满时将四周薄膜向内折叠,膜上再覆盖约5厘米厚的碎冰,最后盖上箱盖并装车运输。

第七节　瓜果类（南瓜、冬瓜）

一）瓜果类蔬菜的包装

南瓜、冬瓜的果皮比较坚硬,对于包装材料要求不严,嫩瓜果皮比较软嫩,要求包装材料较软,否则容易伤害果实。目前,常见的包装方式有编织袋包装、塑料筐包装、纸箱包装和散装等。

二）瓜果类蔬菜的贮藏方式

冬瓜和南瓜是人们日常生活中的重要瓜类蔬菜,主产于我国南方,现在几乎在全国各地都有栽培,在蔬菜的周年供应中占有重要地位。冬

瓜富含维生素 A、维生素 C 和钙,其中所含的胨化酶能将不溶性蛋白质转变成可溶性蛋白质,便于人体吸收。青熟期的南瓜含有较为丰富的维生素 C 和葡萄糖,老熟的南瓜中胡萝卜素、糖类和淀粉含量较多。

(1)室内堆藏。选择阴凉、通风的房间,把选好的瓜直接堆放在房间里。贮前用高锰酸钾或福尔马林对房间进行消毒处理,然后在堆放的地面铺一层麦秸,再在上面摆放瓜。摆放时一般要求和田间生长时的状态相同,原来是卧地生长的要平放,原来是搭棚直立生长的要让瓜蒂向上直立放。冬瓜可采取"品"字形堆放,这样压力小、通风好、瓜垛稳固。要注意,直立生长的瓜不仅要让瓜蒂向上,而且只放一层。

南瓜可将瓜蒂朝里、瓜顶向外,按次序堆码成圆形或方形,每堆码放 15～25 个即可,高度以码放 5～6 个瓜为宜。另外,也可装筐堆藏,在堆放时应留出通道,以便检查。

(2)架藏。架藏的库房选择、质量挑选、消毒措施、降温防寒及通风等要求与堆藏基本相同。不同的是架藏要在仓库内用木、竹或角铁搭成分层贮藏架,铺上草帘,将瓜堆放在架上。此法通风散热效果比堆藏法好,检查也比较方便,管理方法同堆藏法。

(3)冷库贮藏。商业化大量贮藏冬瓜、南瓜时,最好采用冷库贮藏。在机械冷库内,可人为地控制贮藏所要求的温度(10～13℃)和相对湿度(70%～75%)条件。不仅管理方便,贮藏效果也会更好,贮藏期一般在半年左右。

三 瓜果类蔬菜的运输方式

南瓜、冬瓜在运输过程中要注意保鲜和防止破损。由于南瓜和冬瓜的果皮比较坚硬,在运输过程中可以采用堆装运输。

第六章

肉及肉制品贮藏保鲜技术

肉及肉制品富含蛋白质、脂肪等营养物质,但在贮藏过程中,它们易受到酶、微生物等影响,从而产生腐败变质现象。这不仅会降低肉制品的营养价值,甚至还会带来食品安全问题。同时,由于肉制品种类繁多,其加工工艺也具有多样性,因此,对不同肉制品的贮藏保存方式及条件的要求各不相同。

包装技术是保证肉制品食用安全的重要手段,也是维持肉制品品质的重要突破。随着消费者对肉制品的营养、安全水平的重视及对其保鲜品质要求的增加,肉制品的包装性能需要不断提升。肉制品保鲜包装技术对于肉制品保质期的延长及工业化生产等意义重大。目前,国内外生鲜肉及其他肉制品包装技术不断创新发展,下文分别对肉制品中常用的几种贮藏保鲜技术的概念及原理进行介绍。

▶ 第一节　低温保鲜技术

低温贮藏保鲜技术是目前肉及肉制品在市场流通过程中最主要的保鲜技术,在低温条件下,酶的活性受到抑制,水分活度下降,微生物生长受到抑制甚至出现死亡,酶促反应和非酶促反应速率均降低,因此能在一定程度上保持肉及肉制品的新鲜度,延长其货架期。根据贮藏温度不同,低温贮藏保鲜可分为冷藏(0~8℃)、冰温(0℃~食品冰点)、微冻

（食品冰点～–5℃）和冻藏（≤–18℃）。

一 冷却与冷藏

冷藏，是以冰、冷水或空气为介质，将温度降低至接近冰点，不引起冻结的一种保鲜方法。一般冷藏温度控制在0～8℃，可以实现短期贮藏。通过冷却可以达到减少微生物的活动、减弱酶的活性、延缓肉的成熟时间、减少肉内水分蒸发、实现肉的短期贮藏等目的。

目前，生产过程中对肉制品的冷却常采用空气冷却的方法，这种方法的优势在于成本低。一般冷却间的控制条件要求如下：保证进肉前温度保持在–4℃，进肉后控温在0℃（对于牛、羊肉在肉的pH未降到6.0以下时，肉温应高于10℃）；初期相对湿度（1/4时段）维持在95%以上，之后维持在90%～95%，贮藏期间维持在90%为宜；另外要求空气流速保持在0.5～1米/秒，最高不超2米/秒。其中相对湿度如果过大容易造成一部分微生物滋生，过低则容易造成肉类制品干耗，同样空气流速过高也容易造成表面干耗。一般来说，当胴体最厚部位在0～4℃时，人为冷却过程完成（牛肉约需48小时，猪肉需24小时，羊肉需18小时，家禽肉需12小时），冷藏条件为温度保持在–1～1℃、相对湿度为90%、空气自然循环。

但是，肉制品在冷藏期间也容易产生诸多不利变化，比如每天大约产生0.5%～2%干耗，肉品容易发黏、长霉、变色、变软。

二 冻结与冻藏

将肉的温度降低到–18℃以下，使肉中绝大部分水分（90%以上）形成冰晶的工艺过程叫作肉的冻结。通过冻结肉态贮存保鲜的方法叫作肉的冷冻保鲜。

首先是冻结过程，肉的冻结过程一般包括三个阶段。

第一阶段:从初温降至冰点。降温时间的长短对肉质有一定影响。

第二阶段:从肉品冰点降至-5 ℃,肉中80%以上的水分冻结成冰晶。这一阶段,对产品影响最大。

第三阶段:从-5℃降至冻结冷藏温度阶段,这一阶段对肉品影响最小。

冻结速度对肉制品的品质产生重要影响。我们把完成产品冻结所需时间称为冻结速率,根据完成冻结所需时间的长短可分为快速冻结(速冻)和缓慢冻结(缓冻)。常用冻结时间和单位时间内形成冰层的厚度表示冻结速率。

其一,用冻结时间表示,是指食品的中心温度从-1℃下降至-5℃所需的时间(即通过最大冰晶生成区的时间),在30分钟以内属于快速冻结,超过30分钟则属于慢速冻结。

其二,用单位时间形成冰层的厚度表示,即冰层厚度/冻结时间(厘米/小时),其中10厘米/小时以上为超快速冻结(使用液氮、二氧化碳冻结),5~10厘米/小时为快速冻结(使用平板或流化床冻结),1~5厘米/小时为中速冻结(使用鼓风冻结装置冻结),1厘米/小时以下为慢速冻结(用纸箱包装肉在鼓风冻结间冻结)。

冻结速率决定了冰晶的分布状态(细胞内外均匀)、形状(棒状、针状)、大小(10~800微米),对产品质量有重要影响。速冻有利于将水分分布在细胞内部,在天然细胞膜的隔离下,冰晶分布更为均匀;减少不规则冰晶的形成,防止对肌纤维的过度挤压及破坏;同时在肉制品贮藏过程中不容易发生重结晶,减少大体积冰晶的形成;也有利于减少冰晶的升华作用,防止冻藏期间过度干耗的产生,避免产生空洞,减缓肌红蛋白氧化进程,影响肉色;在解冻过程中,也有利于汁液和营养物质的保留。因此,速冻食品满足了人们对食品新鲜度的追求,成为越来越多人的

选择。

目前,肉品冻结前的加工处理有三种方式:胴体劈半后直接包装冻结;胴体分割、去骨、包装、装箱后冻结;胴体分割、去骨,装入冷冻盘后冻结。

冻结工艺,分为一次冻结和二次冻结。一次冻结是指宰后未经冷却直接冻结的方式;二次冻结是指宰后肉品在冷却间充分冷却后(0～4℃、8～12小时)再冻结处理的方式。整体来说,一次冻结能节约40%的时间,还能节约劳务成本,而且干耗少。二次冻结产品具有质量好、保水力强、汁液流失少和嫩度好等优点,但二次冻结需要配备冷却间或冷却设备。

完成肉制品冻结的方法有以下几种形式。

静止空气冻结:温度保持在–30～–10℃,使空气自然对流,1～3天即可完成。

板式冻结:温度保持在–30～–10℃,用于薄片状食品,比如鸡胸肉、片状鱼肉等,这种方法优于静止空气冻结。

鼓风冻结:温度保持在–40～–25℃,空气流速保持在2～10米/秒,相对湿度保持在90%,但该方法容易增加表面干耗,降低肉制品品质。

液体冻结:比如使用液氮、食盐液、甘油等。该方式冻结速度快,冻结品质好,投入成本低,但运行成本较高,适合生产高档肉制品。

完成冻结后,需要对冻结肉制品进行冻藏处理。操作要点如下。

冻藏间温度:–22～–18℃;肉中心温度:–15℃以下;相对湿度:95%～98%;使空气自然循环。

肉品冻藏期内会发生如下变化:首先,肉品体积会增大约9%,因此在冻库中存放的肉品,数量要适量,避免过于拥挤;另外,对于肉品来说,其蛋白质在冻结和冻藏过程中,由于冰晶等形成,使得蛋白质胶体性质发生变化,而蛋白质变性会对肉的食用品质等产生影响;同样,在冻藏过程中,由于冰晶升华作用等,肉制品干耗较冷藏过程更大,冻结中会产生0.5%~2%的干耗,这也是我们在冷藏过程中需要注意的问题;除此之外,冻藏过程中的氧化会造成肉品色泽和风味的变化。

为了减少肉品冻藏过程中不利现象的产生,在实际生产过程中,我们可以通过采取一些措施加以控制。如适当增加码垛密度或者覆盖帆布,往上泼冰水以减少冻库温度波动;对于水产制品,还可以采用"镀冰衣"等方式,以减少干耗现象的发生,尽可能地保证产品品质。

三 冰温保鲜

由于冷藏保鲜时间短,易造成产品腐坏变质,而冻藏保鲜虽然保质期长,但冻结过程中冰晶对肉品的结构、色泽、风味等都会产生较大影响。随着生产技术的发展,消费者对食品品质和营养价值的需求越来越高,新的肉品贮藏保鲜技术也不断呈现。

冰温保鲜是一种中间温度带保鲜方法,指将食品置于从0℃到该食品冻结温度为止的区域,使食品保持不冻结状态。它既可以避免因冻结导致的一系列质构劣变现象,又能像冷藏那样保持高度新鲜状态,同时货架期更长,适用于多种水产品的保鲜。如冰温保鲜(-1.5℃冰水)相比冷藏保鲜(1.5℃冰水)可有效降低北极甜虾贮藏期间的菌落总数,抑制总挥发性盐基氮(TVB-N)和三甲胺的生成,明显延长微生物的生长滞后期。

冰温保鲜可以对生物细胞起到低温胁迫作用,避免细胞冻结,维持细胞的存活状态,同时低温能够抑制微生物代谢和多数酶的活性。它既能有效保持鲜肉的品质,又克服了冷冻鲜肉解冻后的质构劣变和汁液损失,因此能够较好地保持生鲜产品品质。然而冰温保鲜技术存在一定的

推广难度,因为其温度本就介于冻结和非冻结的临界点,但当设备温度波动范围达不到要求时,可能会导致食品表面甚至内部产生冰晶,表面冰晶在温度波动情况下极易出现反复冻融,加剧冰晶重结晶现象,会加速对细胞的机械破坏、食品的汁液流失和质构下降。因此,冰温保鲜技术要求设备能够做到精准控温,除了对设备技术要求较高之外,冰温保鲜的方法也增加耗电等经济成本。

（四）微冻保鲜

微冻保鲜是指将贮藏温度控制在冷藏与冻结之间的一个温度范围内,使得食物内部温度低于食物冰点1~2℃的一种方法。它可以使某些细菌的生长与繁殖得到有效控制,由此达到延长食品保质期的目的。在最初的表面冻结(1~3厘米厚的冰层)后,形成的冰将吸收食物内部的热量,并最终在食物储存和分配过程中导致内外温度平衡。

微冻保鲜的方法适用于储存和运输时间较短的食品,这种方法不需要食品周围有外部冰,不仅减少了供应链中冰的数量,使运输重量和成本最小化,同时对环境也有积极的影响。微冻保鲜技术在美国已被广泛应用于消费者的日常生活中,尽管并未标明为"微冻",然而一般将肉制品储存于-3.3℃环境后进行买卖,是符合"微冻"的概念要求的。

微冻技术有以下几种常见方式。

（1）冰盐混合方式微冻。该方式的原理是通过冰盐混合物的吸热效应(冰融化吸热和盐溶解吸热)降低温度,短时间内可吸收大量的热,达到降温的目的。可通过控制食盐的质量浓度来调节温度,盐水的质量浓度越高,冻结温度就越低。当食盐的质量浓度为3%时,冻结温度可达到-3℃;浓度为29%时,冻结温度可达到-21℃。但若食盐加入过多,就会渗入食品中,导致食品偏咸,影响食品原有风味。为达到最好的微冻效果,应确保冰盐混合均匀。另外,在冰盐微冻过程中,由于冰融化速度快,在冰融化后,冰水吸热会使食品温度回升。因此,在冰盐微冻过程中需要适时适量补充冰和盐,以达到稳定温度的目的。冰盐微冻法能很好地维持食品鲜度,保藏期长,但食品略有咸味,冰、盐的消耗量大,一般适合水产品加工原料保鲜。

(2)冷风微冻。用制冷机冷却的风吹向食品,使食品表面达到一定的温度后,再转入恒温舱中保存。例如,渔获物的贮藏温度一般为-3℃,可先用冷风处理,使其表面的温度达到-3℃、渔获物中心温度在-2~-1℃后转入-3℃的舱温中保藏即可。冷风微冻法能较好地维持食品鲜度、色泽及外观。

(3)低温盐水浸渍微冻。低温盐水微冻体系由盐水微冻舱、保温舱和制冷系统三部分组成。由于盐水传热系数大,为空气的30倍,因此盐水微冻冷却速度比空气快,其冷却温度为-5~-3℃,食盐的质量浓度控制在10%左右。具体工艺要求:先配制成质量浓度约为10%的食盐水,使用制冷机使盐水温度降到-5℃,把产品放入盐水中浸渍冷却至体表温度-5℃时,再转移到-3℃舱温中保藏。低温盐水浸渍微冻也能很好地维持食品鲜度,保鲜期长,但会使商品色泽暗、有咸味、外观差,一般用于加工原料的保鲜。

▶ 第二节　气调保鲜技术

气调保鲜技术是指在一定温度条件下,将一定比例的混合气体充入具有一定阻隔性和密封性的包装材料中,改变肉品所处的气体环境,利用空气间的不同作用来抑制引起肉品变质的生理生化过程,从而达到延

长肉品保鲜期或货架期的技术。

通过气调包装可以隔离外界微生物,防止二次污染,也可以抑制肉类产品中细菌、真菌和霉菌的生长繁殖,降低酶促反应速率,减少脂质氧化和产品颜色的不良变化,同时还可以减少防腐剂的使用,从而使肉及肉制品新鲜度和色泽更好,安全性和营养价值更高。目前,气调包装已经成为部分发达国家消费者所青睐的一种包装方式。肉及肉制品的气调包装常用气体为二氧化碳、氧气和氮气,通常用其中的2种或3种气体按不同比例混合后进行填充。二氧化碳可以抑制多数需氧菌和霉菌的生长繁殖,延长细菌生长迟缓期,降低对数期生长速率。但是由于二氧化碳易于溶解在肉类产品中,容易导致包装塌陷,影响美观,因此肉类产品气调包装中二氧化碳比例不宜太高;氧气附着在肉中的水溶性肌红蛋白上,形成复杂的氧合肌红蛋白,进而使肉制品呈现出鲜红色,起到护色作用。同时,氧气还能抑制厌氧微生物的生长繁殖,有利于好氧型假单胞菌和葡萄球菌的生长。但氧气也会为需氧菌群生长及维生素、脂类等营养物质氧化提供条件,导致异味形成、肉韧性增加和营养价值降低;氮气是一种稳定气体,不与肉类产品发生化学反应,可以作为替代物置换产品周围的氧气,从而防止氧化和酸败,抑制好氧微生物的生长、霉菌的繁殖等。此外,氮气的渗透率比较低,可以作为混合气体在塑料包装中起到缓冲或平衡的作用,也可以有效防止由于二氧化碳溶解导致的包装盒塌陷。具有高阻隔性的PP(聚丙烯)、TIE(胶黏剂)、PA(聚酰胺)、EVOH(乙烯醇共聚物)等材质的包装膜能更好地抑制微生物生长繁殖及其对蛋白质的分解,还可以延缓脂质氧化,从而有利于更好地保持肉及肉制品的品质。

使用气调保鲜技术应注意以下几点:包装前在良好卫生条件下冷却处理;选用阻隔性良好的包装材料;确保充气和封口质量;控制贮藏

温度。

▶ 第三节　生物保鲜技术

生物保鲜技术是指利用一些天然来源、具有抗菌或抗氧化作用的绿色提取物，或微生物菌群及其代谢物来提高食品安全性和延长食品货架期的食品保鲜方法。依据保鲜剂的来源，分为植物源生物保鲜技术、动物源生物保鲜技术及微生物源生物保鲜技术，这几种技术具有来源广、安全性高、广谱抑菌等优势，逐渐成为保鲜研究中的热点；按照保鲜物质使用情况，分为单一生物保鲜技术、复合生物保鲜技术及生物保鲜与其他方法相结合的保鲜技术。

植物源生物保鲜技术所用的保鲜剂主要是指从植物叶、根、花等组织中提取得到的天然物质，这些天然物质主要包含植物精油、含酚类物质和植物多糖三大类，通常利用这些物质对酶类的抑制作用及抗氧化性以此控制猪肉贮藏过程中高铁肌红蛋白含量、脂质氧化进程、TVB-N（挥发性盐基氮）含量及 TBARs（硫代巴比妥酸反应物）值。植物源生物保鲜剂具有来源广泛、成分相对较低、对环境无污染或污染程度低等优点，但同时也存在生物利用率较低等问题。

动物源生物保鲜技术主要依靠动物产生的具有抗菌、杀菌作用的分泌物发挥作用。一些动物产生的代谢物具有良好的成膜性，形成的膜可以包裹在肉制品表面，起到阻挡外源微生物污染的作用。该方法具有可供选择的品种多、来源较广的优点，但提取工艺较为复杂。AMPs（抗菌肽）、蛋清当中溶菌酶、蜂胶等都是良好的动物源抗菌材料。还有微生物源材料，如从乳酸菌中提取的抗菌素、Nisin（乳酸链球菌素）等具有良好

的生物保鲜应用前景。

除此之外,活性包装具有较好的应用前景,例如:抗氧化剂、除氧类包装材料、防腐剂、乙烯吸收剂、吸湿剂等新式材料均可以实现良好的防腐效果;新鲜程度指示器、抗菌包装、温度–时间指示器等装置均可以提升食品的安全性和货架存储时间;壳聚糖、淀粉、纤维素等天然物质作为包装材料基材有很大优势,如来源丰富、安全无毒、可降解等;活性物质可作为活性包装中的抗氧化剂、抗菌剂,是构建活性包装不可或缺的一部分;生物基材料在添加不同活性物质后可用于食品保鲜贮藏,能有效延长包装食品保质期、提高包装食品的品质。目前对活性包装材料的研究已经取得一定进展,但还有一些问题亟待解决,如生物基活性包装材料机械性能差、抗菌剂的添加会降低膜的阻隔性能等。

▶ 第四节　辐射保鲜

辐射保鲜是利用原子能射线的辐射能量对食品进行杀菌处理以保存食品的一种物理方法,是一种安全卫生、经济有效的食品保存技术。这些高能带电或不带电射线(α、β、γ)能引起食品中微生物、昆虫发生一系列生物物理和生物化学反应,使它们的新陈代谢、生长发育受到抑制或破坏,甚至使细胞组织死亡。

在食品辐射中,常用的辐射源主要有钴60(60Co–γ)和铯137(137Cs–γ)射线源。辐射剂量单位有多种,生产中常用拉德(rad)和戈瑞(Gy)表示,其中1拉德是指1克受照射物质吸收任何一种射线100尔格(erg)辐射能时的剂量。根据处理剂量高低可分为高剂量、中等剂量和低剂量,其中,高剂量(1000～5000千拉德)可达到无菌状态,即辐射阿氏杀菌;中等剂量(100~1000千拉德)能杀灭无芽孢的病原微生物,即辐射巴氏杀菌;低剂量(100千拉德以下)能杀死部分腐败微生物,延长食品保藏期,即辐射耐贮杀菌。辐射处理对肉品会产生色泽变红、有辐照味(类似蘑菇味)、嫩化的影响。

▶ 第五节　肉制品贮藏保鲜管理控制体系

肉制品的贮藏保鲜除了技术的更新发展外,管理控制体系也是保持产品新鲜度、维护产品品质的重要措施。

1.HACCP管理系统(Hazard Analysis and Critical Control Point)

这是一种保证食品安全和产品质量的预防控制体系,对食品从原料到成品整个生产过程实施有效质量安全控制的管理系统。利用HACCP管理体系能够有效预防肉制品贮藏保鲜阶段的关键危害,并进行高效监控,及时纠偏,确保产品安全,在肉制品贮藏保鲜领域应用广泛。

HACCP体系构成主要包括7项原理,即进行危害分析、确定关键控制点、建立关键限值、关键控制点的监控、纠正措施、建立起记录保存程序、建立验证程序。

具体实施步骤如下:①组建HACCP小组。小组成员可以是一线操作工人、技术人员、管理人员,也可以聘请其他有经验的专家。②产品描述。详细描述产品外观、包装方式、成分组成等。③识别和拟定用途。明确该产品的用途、产品类型。④制作流程图。明确贮藏保鲜的具体方式,工艺流程应尽量详细,不要有遗漏。⑤现场确认流程图。制定好流程图后,需现场核对,防止存在出入。⑥进行危害分析。首先,找出肉制品贮藏保鲜过程中可能出现的危害,包括生物危害、物理危害、化学危害

等;其次,对这些危害进行评估,找出最主要的危害。⑦确定关键控制点。这一步骤是最关键的环节,一般可以通过关键控制点判定树(又称CCP树)进行判断,确定关键控制点。⑧建立关键限值。关键控制点确定之后,通过明确有效参数的限值,对关键控制点进行控制。注意该关键限值只能是一个具体数值,不能是范围值。确定后,要明确标识出该关键控制点,便于后期监控。⑨建立监控体系。⑩建立纠正措施。⑪建立验证程序。⑫建立文件和保持记录。

2. 栅栏技术(Hurdle Technology)

栅栏技术是指利用能阻止微生物繁殖的多因素之间的相互作用,以此控制食品安全性的综合性技术措施。那些可阻止食品内微生物生长繁殖的因素统称为"栅栏因子",而利用因子间的相乘效应称为"栅栏效应"。常见的栅栏因子又包括栅栏内因子和栅栏外因子。

栅栏技术是通过多种卫生质量安全控制技术的相互协调配合实现食品保存的新技术,它可以确保食品在保存期间的稳定、安全、风味与营养。食品保存的实质是遏制有害微生物的生长,减少微生物的生存时间。当前,栅栏技术在肉制品保存中的应用广泛。例如,在新产品开发中,将栅栏技术与微生物预测技术、HACCP(关键危害点控制技术)相结合,可以设计、升级、创新或生产出安全卫生、营养均衡、耐储存的食品。

在肉类食品的实际生产加工中,通常运用不同的栅栏因子并将它们科学有效地组合起来,共同发挥作用,以提高栅栏因子对肉中微生物的抑杀效果或降低某种栅栏因子对肉品感官或质量品质的影响,保证食品的卫生及安全性。

第七章　蛋乳品包装与贮藏技术

蛋类是人们日常生活中最重要的食品之一，具有很高的营养价值。市场上销售的鲜蛋绝大部分是鲜鸡蛋。其次是鸭蛋、鹅蛋、鹌鹑蛋、鸽蛋等。鲜蛋经过加工可制成松花蛋、咸蛋、糟蛋等再制蛋和各种熟制蛋，也可以加工成冰蛋、蛋粉、蛋白片等制品。

▶ 第一节　鲜蛋包装

鲜蛋包装的关键是防止微生物的侵染和防震缓冲以防破损。蛋壳上的毛细孔实际上是蛋内胚胎的氧气管，但在鲜蛋的贮存中，毛细孔是多余的东西，因为毛细孔的存在为微生物的侵入提供了通道，还为其繁殖供应氧气。因此，在常温下保存鲜蛋必须将其毛细孔堵塞，常用的办法是涂膜。涂膜所使用的涂料主要有水玻璃、石蜡、火棉胶、白油及其他一些水溶胶物质。另外，使用PVDC（聚氯乙烯）乳液浸涂鲜蛋，在常温下可保存4个月不变质，保鲜效果很好且价格低廉。

鲜蛋运输包装采用瓦楞纸箱、塑料盘箱和蛋托等。为解决贮运中的破损问题，包装中常用以下几种类型的蛋托：纸浆模塑蛋托、泡沫塑料蛋托、聚乙烯蛋托及塑料蛋盘箱。塑料蛋盘箱有单面的（冷库贮存用）、多面的（适用于收购点和零售点）及可折叠多层的蛋盘箱（运输用）。鲜蛋的包装也可采用收缩包装，每一蛋托装4~12个鲜蛋，经收缩包装后直接

销售。

1.鲜蛋保鲜与贮藏

鲜蛋具有优良的功能特性和生物活性,蛋中的某些成分,如肽、氨基酸等,具有抗炎、抗氧化、保护心血管、改善记忆力等作用,能够调节细胞功能和生理动态平衡。蛋制品是人类饮食的重要组成部分,是优质蛋白质、维生素、矿物质和脂肪的极好来源,其种类繁多,具有高营养、易消化等特点,已成为世界公认的必备优质食品。

我国是世界上最大的鲜蛋生产国,产量约占世界的四成。依托最大鲜蛋生产国的优势,我国人均鲜蛋占有量达到发达国家水平,因此我国的蛋制品加工行业前景广阔,具有很大的市场空间。

鲜蛋是鲜活的生命体,时刻都在进行一系列生理生化活动,温度的高低、湿度大小,以及污染、挤压碰撞都会引起鲜蛋质量的变化。鲜蛋在储藏、运输等过程中要注意以下几个特性,并针对特性采取措施才能获得较好的保存效果。

(1)孵育性。鲜蛋存放温度以-1~0℃为宜,因为低温有利于抑制蛋内微生物和酶的活动,使鲜蛋呼吸作用缓慢,水分蒸发减少,有利于保持鲜蛋的营养价值和鲜度。

(2)易潮性。潮湿是加快鲜蛋变质的又一重要因素,雨淋、水洗受潮都会破坏蛋壳表面的胶质薄膜,造成气孔外露,这样细菌就容易进入蛋白繁殖,加快蛋的腐败。

(3)冻裂性。鲜蛋既怕高温,又怕0℃以下低温。当温度低于-2℃时,易使鲜蛋蛋壳冻裂,蛋液渗出;-7℃时蛋液开始冻结。因此,当气温低时,必须做好保暖防冻工作。

(4)易腐性。鲜蛋含丰富的营养成分,是细菌最好的天然培养基。当鲜蛋受到禽粪、血污、蛋液及其他有机物污染,细菌就会先在蛋壳表面生长繁殖,并逐步从气孔侵入,细菌会迅速繁殖,加速蛋的变质,甚至腐败。

(5)易碎性。挤压碰撞极易使蛋壳破碎,造成裂纹、流清等,使之成为破损蛋或散黄蛋,影响蛋的品质。

鉴于上述特性,鲜蛋必须存放在干燥、清洁、无异味、温度偏低、湿度适宜、通气良好的地方,并要轻拿轻放,切忌碰撞,以防破损。

2. 蛋类贮藏技术要点

蛋属于生鲜类食品,生产量具有一定的季节差异,在不良的环境条件下,很容易腐败变质。因此,需要采取适当的贮藏保鲜措施。要注意,凡拟贮藏保鲜的禽蛋均应新鲜、无破损、无霉变。因此,在贮藏前要进行洗蛋与消毒。刚产下的蛋常会附着粪便、泥土、羽毛等,经清洗、消毒可防止变质腐败,延长贮藏保鲜期。供贮藏保鲜的禽蛋一定要用清水冲洗1~2次,然后放入0.1%浓度的新洁尔灭等消毒液中浸泡消毒5~6分钟,最后再用凉开水或自来水冲洗1次并晾干备贮。

鲜蛋保存方法有很多,常见的有以下几种。

(1)草木灰贮藏。选用一个干净的木桶或缸等容器,先铺上一层厚2~3厘米的鲜草木灰,接着在灰上放一层蛋,按照这样一层灰一层蛋的顺序码放,最上层灰应铺3~4厘米厚并适当按紧,最后给容器加盖即可。如无草木灰,也可用干净的干细沙代替,效果与草木灰相同。禽蛋贮藏期间,一般15~20天检查1次,此种方法可贮藏保鲜禽蛋5~6个月。

(2)干粮贮藏。此种方法适宜散养户小批量贮藏保鲜,将鲜蛋放于晒干的稻谷、豆类等粮食中,按照一层鲜蛋一层粮食的顺序埋好,最上层粮食厚度不低于4厘米。贮藏过程中一般15~20天检查1次,同时将贮蛋的粮食暴晒5~6小时,待粮食晾凉后再贮放禽蛋。此种方法可贮藏保鲜鲜蛋3~4个月。

(3)生石灰贮藏。取生石灰0.5千克、明矾100克,加2.5千克水;待生石灰、明矾溶解并冷却后,再加冷开水或纯净水27.5千克倒入缸(坛)中,接着将禽蛋轻轻放入溶液中,使溶液高出蛋面4~5厘米,盖上盖子,放阴凉通风处,温度控制在25℃以下,此种方法可贮藏保鲜禽蛋7~8个月。

(4)明矾贮藏。取明矾500克,加7.5千克60~70℃温水溶解。待水完全冷却后倒入贮蛋缸(坛)内,并将禽蛋放入溶液中,使上层蛋完全浸没其中,再盖上盖,放阴凉通风处。此种方法夏季可保鲜禽蛋2~3个月,冬季可保鲜禽蛋4~5个月。

(5)淡盐水贮藏。适宜小批量短期贮藏。取清水5千克、食盐350克,待水烧开后慢慢放入食盐并不停搅匀,然后取出水置凉备用。贮藏时将适量无破损鲜蛋放于缸、钵或桶等容器中,用竹编盖压住蛋,再将盐水倒入并最终高出蛋面4~5厘米。此种方法可贮藏禽蛋50~60天,食用时味道同鲜蛋一样。夏、秋高温季节不宜用此种方法贮藏鲜蛋。

(6)冷库贮藏。冷藏法是利用低温来抑制细菌的生长繁殖和蛋白内酶的活动,可以较长时间保持蛋的新鲜。但蛋的冷藏不像其他食品那样,温度越低越好,因为蛋壳容易被冻裂。冷藏法保存鲜蛋,最适宜的温度为-1℃左右,不得低于-2.5℃,相对湿度以80%~85%为宜,冷藏时间为6~8个月。冷库储藏需注意以下几点。

①冷库消毒。采用乳酸熏蒸消毒,消灭残存细菌和害虫,不过要注意,所使用的垫木、码架要用火碱水浸泡消毒后使用。

②严格选蛋。鲜蛋入库前通过感观检查或灯光透视法严格选蛋,凡破壳、变质、严重污壳等应予剔除。

③预冷。选好的鲜蛋,先进行预冷。预冷库温度控制在-2~0℃,相对湿度控制在75%~85%,预冷24小时左右。待蛋温降至2~3℃时,便可转入冷库。

④温度。冷库温度要保持恒定,不能忽高忽低。并且要定期进行质量检查,一般每半月1次,以便发现问题并及时处理。

⑤存放。冷库中不要存放其他带有异味的物品。冷库中存放的鲜蛋,不要随意移动。另外,鲜蛋在出库时,要缓慢升温,防止蛋壳表面"出汗",否则容易引起微生物污染蛋壳。

▶ 第二节　乳制品保鲜储藏技术要点

鲜奶是微生物良好的培养基,其中水分含量大,pH接近中性,而且脂肪、蛋白质和乳糖的含量高,具有很高的营养价值。每年4月至6月生产的鲜奶,其中的脂肪含量低,而在11月至1月生产的鲜奶,其脂肪含量最高。与此相反,在4月至6月生产的鲜奶,其中固体的非脂肪含量最高,而在11月至1月生产的鲜奶,其固体的非脂肪成分含量最低。奶中的脂肪物质比其中的蛋白质和碳水化合物等成分更难以再破坏。可是,脂肪本身也容易受到氧化等作用而变质。

鲜奶的变质多数由于细菌的增殖所引起,也可能由于蛋白质的分解或脂肪的氧化而发生变质。因此,控制鲜奶的质量关键在于及时冷却、灭菌,加强容器的消毒并防止受到二次污染。

奶类食品营养丰富且易消化吸收。牛奶是国际公认的全价营养食品。奶类食品主要包括鲜奶、奶粉、炼乳、酸奶、冰激凌、奶油、奶酪等。

一 鲜奶食品的包装

鲜奶可加工成不同种类的产品,有不同的包装要求。最简单的是巴氏灭菌乳,灌装到不同的容器中,保质期为2～7天;超高温(UHT)杀菌奶

加工较复杂。包装也更严格,保质期可达8个月以上。

1.巴氏杀菌奶的包装

(1)玻璃瓶。玻璃瓶是鲜奶常用的包装容器,呈透明状态,可反复使用。回收的玻璃瓶采用"浸泡式"或"冲喷式"洗瓶机清洗,较先进的洗瓶机包含灭菌消毒处理。巴氏杀菌鲜乳在自动灌装机上充填灌装后,即用铝箔封瓶,防止二次污染,也可用蜡纸或浸蜡纸板封盖,不过其效果不如铝箔。

(2)复合纸盒。国外目前盛行采用复合纸盒包装鲜乳。这类包装都是在成型–充填–封包包装机上进行,设备比较昂贵。实际生产和市场实践表明,这类包装从产品质量、使用的便捷性、流通销售方面看都是可行的,未上色的纸板容器能透过1.5%的波长550纳米以下的光,能完全阻挡波长430纳米以下的光,只是这种包装成本高于玻璃包装。

(3)其他材料。为降低包装成本,对于短期流通消费的鲜乳,也采用塑料袋包装。如聚乙烯膜添加二氧化钛白色颜料,铝箔与塑料薄膜复合制成"自立袋"。

无色聚乙烯瓶在350~800纳米光波范围的光照射下,可透过58%~79%的入射光。用钛氧化物上色后,就不能透过390纳米以下的光,能有效阻隔紫外线的影响。

2.超高温灭菌奶的包装

鲜乳经超高温灭菌(HTST或UHT)后随即进行无菌包装。无菌灌装的且用多层复合材料制成的盒装无菌奶,在常温下可以贮存半年到一年。复合材料的构成是PE/PE/Al/PE/纸/PE(聚乙烯/聚乙烯/铝箔/聚乙烯/纸/聚乙烯)、PE/PET/Al/PE/纸/PE(聚乙烯/聚酯/聚乙烯/铝箔/纸/聚乙烯),材料在无菌灌装机上经灭菌成盒。超高温灭菌奶自动无菌灌装,得到无菌包装产品,可有效地保存鲜乳中的风味成分。

二 粉状奶制品的包装

奶粉制品保存的要点是防止受潮、氧化,阻止细菌的繁殖,避免紫外线的照射。奶粉类的包装一般都采用真空充氮包装,使用的材料有:K涂硬纸/Al/PE(K涂硬纸/铝箔/聚乙烯)、BOPP/Al/PE(双向拉伸聚丙烯/铝箔/聚乙烯)、纸/PVDC/PE(纸/聚偏二氯乙烯/聚乙烯)等复合材料。用单层聚乙烯薄膜袋盛装虽然也有一定防潮作用,但是隔热性能很差,奶粉容易变质,只能满足短期贮存的需要。此外,奶粉的包装还常使用金属罐充氮包装。

三 奶酪的包装

无论是新鲜奶酪或加工后的干酪,都要密闭包装。奶酪包装主要是防止发霉和酸败,其次是保持水分以维持其柔韧组织,且免于失重。干酪在熔融状态下进行包装,抽真空并充氮气,这样保存时间较长,但要求包装材料能够耐高温,以避免熔融乳酪注入时变形。聚丙烯的耐温性好,在120℃以上温度时仍能保持强度,因此,用聚丙烯片材压制成型的硬盒,适用于干酪的熔融灌装。

新鲜奶酪和干酪的软包装要用复合材料,常用的有PT/PVDC/PE(玻璃纸/聚偏二氯乙烯/聚乙烯)、PET/PE(聚酯/聚乙烯)、BOPP/PVDC/PE(双向拉伸聚丙烯/聚偏二氯乙烯/聚乙烯)、Ny/PVDC/PE(尼龙/聚偏二氯乙烯/聚乙烯)以及复合铝箔和涂塑纸制品,多采用真空包装。

用单层薄膜包装的奶酪只能短时间存放,但其价格便宜,常用的有PE(聚乙烯)、PVDC(聚偏二氯乙烯)、Ny(尼龙)等,多采用热收缩包装。

四 奶油和人造奶油包装

奶油和人造奶油的脂肪含量很高,极易发生氧化变质,也很容易吸收周围环境中的异味。因此,包装材料的主要要求是阻气性优良,不透氧、不透香气、不串味,其次是耐油等。

奶油和人造奶油习惯上采用玻璃瓶和聚苯乙烯容器包装,以Al/PE(铝箔/聚乙烯)复合材料封口,一般的包装可采用羊皮纸、防油纸、铝箔/硫酸纸或铝箔/防油纸等复合材料进行裹包。

盒装的奶油和人造奶油一般采用涂塑纸板或铝箔复合材料制成的小盒包装。最近流行的各种塑料盒是由PVC(聚氯乙烯)、PS(聚苯乙烯)、ABS(丙烯腈/丁二烯/苯乙烯共聚物)等片材经热成型工艺制成的,也有采用共挤塑料盒和纸/塑复合材料盒包装的,盒盖一般都采用PVC塑料制作,还可以加套一层纸作为盒的外层装潢。

五 酸奶的包装

目前国内酸奶的包装主要是采用玻璃瓶包装,以涂蜡纸捆扎封口。近年来,已开始使用白色塑料经热成型拉伸工艺制成的聚苯乙烯塑料杯盛装,以铝箔复合材料高频热合密封。这种包装的特点是装潢设计精美,而且热封后不透气、不泄漏。

第八章

其他特色类农产品的包装与储运

▶ 第一节　技术概况

茶叶是我国传统的内外贸易商品,随着我国社会主义商品生产和对外贸易的发展及人民生活水平的显著提高,对茶叶的品质和包装质量都提出了更高要求。

我国是茶叶的原产地,茶园面积有一万多平方千米,居世界第一位,茶叶产量仅次于印度,居世界第二位。茶叶作为一种饮料食品,其种植、加工、包装、销售、管理自成一体,其中,包装已经成为茶叶在流通过程中不可分割的技术环节。长久以来,我国茶叶的大包装形式有布袋包装、木箱包装、胶木箱包装等,而小包装形式有铁罐包装、纸盒包装、塑料复合袋包装等。

绿茶、红茶、黄茶、清香型乌龙茶等极易在贮藏过程中发生氧化、吸湿、串味等现象,使茶叶品质下降。自古以来,人们对茶叶的贮藏保鲜技术都十分重视,从最初的石灰、木炭密封贮藏,到现在的生物保鲜贮藏,茶叶贮藏技术一直在不断发展和完善。随着人们对各类茶叶陈化和劣变机理的研究,根据劣变原因,总结了一系列的贮藏保鲜技术,如低温冷藏法、除氧抽真空加氮法、生物保鲜法等。

此外,茶叶的贮藏保鲜并不单单是采用某一种方法,而是需要多种贮藏保鲜技术的联合使用。因此,在贮藏茶叶时,应该根据特定茶叶的品种及销售要求、保鲜效果及成本,最大限度地综合运用各类方法,达到理想的贮藏保鲜效果。另外,茶叶目前主要运输方式大致分为铁路运输、公路运输、海上运输、航空运输。

第二节　茶叶

一　茶叶的包装

茶叶包装主要起到保护商品、方便储运的作用。20世纪50年代,内外销茶叶的运输包装主要用木板箱和胶合板箱,边销茶的运输包装主要用竹篓,毛茶的运输包装主要用布袋。目前,已由传统的几种外包装发展为瓦楞纸箱、牛皮卡纸纸箱、胶合板箱、纤维板箱、钙塑箱、麻袋、塑料袋、塑料编织袋、布袋、竹篓等,而且多种材料、多种规格、软硬包装共用。以前由于包装的技术和水平较低,运输包装的作用有限。而如今,有的外包装设计与内包装设计已融为整体风格,从外包装就能直观地向消费者展示和宣传内装物,更能激发消费者对于茶叶品质的兴趣,刺激消费者产生品尝和购买茶叶的想法。茶是鲜叶经过初制后的产品,目前,茶叶的运输包装主要有布袋包装、麻袋包装、塑料编织袋包装和瓦楞纸箱周转箱包装。

(1)布袋包装。这是以前我国茶叶收购包装的主要形式,也是我国传统的一种特定周转包装,主要在茶区使用。目前全国茶区使用的布袋主要有2种形式,一种是扁袋,另一种是筒袋,每个能装35～45千克的茶叶。为了防止茶叶受潮,不少地区会在布袋中内衬一个塑料袋,内衬塑料袋采用热封合、压折或捆扎封口,布袋用两角绕缚捆扎。这种包装运输便利,码垛牢固,捆扎便利,同时可以进行缝补,而且成本低。

(2)麻袋包装。这是我国传统的一种特定周转包装,是近年来发展较快的一种茶叶运输包装,已应用在精制茶叶包装上。目前印度积极主张使用麻袋包装茶叶,包括出口茶,每个麻袋能装35~45千克茶叶。由于必须内衬塑料袋,因此茶叶含水率必须符合或低于标准含水率。

(3)塑料编织袋包装。这是近年来发展起来的一种茶叶包装,也是使用量和使用范围较大的一种包装。每个塑料编织袋能装25~45千克茶叶,必须内衬塑料袋。有的茶叶生产企业还在内衬塑料袋里再内衬1层铝箔袋,这主要用在品质较好的茶叶上,起到遮光和防潮的作用。

(4)瓦楞纸箱周转箱包装。这是近年发展起来的一种茶叶或精制茶叶包装,主要用于品质较好的毛茶或精制茶的周转。瓦楞纸箱周转箱一般采用3层或5层纸箱结构,约装25千克茶叶,可以堆码5层,必须内衬塑料袋,有的茶厂会再加一层铝箔袋,这样可以有效防止茶叶受潮。这种周转箱的优点是堆码整齐、方便储运,能防止储运过程中内装茶叶受压变碎。

二 茶叶贮藏方式

茶叶贮藏有以下几大禁忌。

一忌潮湿。由于绿茶是一种疏松多孔的亲水物质,经烘干后水分含量较低,具有很强的吸湿还潮性,因此存放绿茶时要控制环境中的湿度。绿茶贮藏的最佳相对湿度为60%,若超过70%就会因吸潮而产生霉斑,进而酸化变质,影响口感。

二忌高温。茶叶中的氨基酸、糖类、维生素和芳香性物质不耐高温,温度较高时易被分解破坏,使质量、香气、滋味都受到不利影响。绿茶的

最佳保存温度为 0～5℃。

三忌氧气。绿茶中的叶绿素、醛类、酯类、维生素 C 等极易与空气中的氧气结合,氧化后的茶叶茶色变暗,汤色变红、变深,营养价值及口感都大打折扣。

四忌光照。光照会促进绿茶茶叶色素及酯类物质的氧化,还能将叶绿素分解成脱镁叶绿素。如果将绿茶贮存在透明玻璃容器或透明塑料袋中,茶叶受光线照射后,其内在物质会起化学反应,使绿茶品质变坏。

五忌异味。绿茶不得与有不良气味的物品混放,因为茶叶极易吸收异味。如果将茶叶与有异味的物品混放时,茶叶就会呈现异味而无法去除。

1.绿茶的贮藏方法

绿茶的一般加工工艺:采取茶树新叶或芽,洗净后经热锅杀青、揉捻,再经烘干制成。绿茶成品的色泽及冲泡后的茶汤较多地保留了鲜茶叶的绿色主调及原本的茶香。绿茶加工工艺在各地流传较为广泛,著名的代表品种有碧螺春、龙井茶、信阳毛尖、紫阳毛尖茶、日照绿茶、六安瓜片、湄潭翠芽等。绿茶的贮藏方法会直接影响绿茶的品质。比如在绿茶中起护肤美容功效的茶多酚,具有抗氧化效果,与维生素 B、维生素 E 等配合,能起到补充水分、紧实肌肤等作用。但是茶多酚在空气中很容易氧化,若保藏不当,就会导致茶多酚的抗氧化作用丧失。

(1)瓦罐石灰块保存法。事先将小口瓦罐洗净、晾干,并将清洁、干燥的生石灰块(干燥剂)用较致密的小白布袋包好。将绿茶用多个白纸袋分装,再分别外套一个牛皮纸袋,依次放入瓦罐内,中间间隔放入几个石灰袋。装满瓦罐后,用数层干燥的稻草编织成的草席密封坛口,最后用砖头或者厚木板压实。如此保存,石灰块能起到吸潮作用,而且能避光,还能减少空气交换量。在贮藏期间要经常检查保存情况,石灰潮解后要及时更换。也可以使用硅胶等高级干燥剂代替石灰块,保藏效果较好。

(2)木炭贮藏法。此种保藏方法的操作方法与瓦罐石灰块保存法基本相同,只不过要用燃烧熄灭冷却后的干燥木炭代替石灰块,贮藏容器可以用小口瓦罐或者小口铁皮桶。木炭袋和绿茶茶叶袋的容量可视容器大小而增减。这种贮藏方法的贮藏效果也较好,且适合家庭贮藏和专业贮藏。此法同样要保证盛装茶叶的容器清洁、干燥,且要避光放置,并定期检查并更换炭包。

(3)充氮冷藏法。烘干后的茶叶水分一般不超过6%,此时将绿茶装入镀铝复合袋,进行热封口后用呼吸式抽气机抽出袋中的空气,再充入氮气,加上封口贴后置于茶箱内,然后送入低温冷藏库保藏,冷库温度要控制在绿茶的最佳保存温度(0~5℃)。此法保存量大、保鲜时间长,但需要建立冷库,并需要专业设备,适合于专业化贮藏。

除了专业化贮藏,还有几种适合短期贮藏的简易方法,这些方法一般适合于家庭贮藏。

(1)罐藏法。即选用密封性良好的容器来存放绿茶,如装糕点的铁盒或者其他食品的金属箱、罐、盒,最好是先用塑料袋或者牛皮纸袋将茶叶包裹一层再放入容器中。此法关键就是要保证茶叶的干燥和容器的密封。

(2)塑料袋贮茶法。即选用密度高、厚实、无异味的食品级包装袋或自封袋来贮藏茶叶。茶叶也可以事先用较柔软、无异味的原纸包好后再置于食品袋内,封口保存于阴凉、干燥、清洁处。

(3)热水瓶贮茶法。可用保温不佳而废弃但内胆完整、无裂缝的热水瓶存放干燥的绿茶,然后盖好瓶塞,并用蜡封口,外包胶布。此法操作简单,保存效果不错。

(4)冰箱保存法。即选用密度高、厚实、无异味的食品级包装袋或自封袋包装茶叶,封口后放置于冰箱冷冻室或者冷藏室贮藏。此法很好地起到了避光、隔氧效果,并处于低温环境,因此保存时间长、保存效果好;但袋口一定要密封,否则会回潮或者串味,反而影响绿茶的品质。

2.黄茶的贮藏方法

黄茶是一种微发酵的茶。黄茶是我国特产,湖南岳阳为中国黄茶之乡。黄茶的加工方法近似于绿茶,起初人们加工绿茶时发现,若杀青、揉捻后干燥不足或不及时,叶色即变黄,于是由此人们制作出了一种新茶,并依据其"黄叶黄汤"的特点命名为黄茶。

黄茶应贮存于清洁、干燥、无异味的专用仓库中,严禁与有毒、有害、有异味、易污染的物品混放,仓库周围应无空气污染。

3.青茶的贮藏方法

青茶,又称乌龙茶,为中国特有的茶类。青茶属半发酵茶,即制作时适当发酵,叶片稍有红变。它是介于绿茶与红茶之间的一种茶叶,既有绿茶的鲜浓,又有红茶的甜醇,其茶汁呈透明的琥珀色。

因为青茶所含有的叶绿素易发生光催化反应,存放青茶必须满足以下条件。

(1)必须避光。

(2)必须防潮。因为茶叶吸湿性强,很容易吸附空气中的水分,使茶叶变质,所以存放茶叶时,一定要保证贮藏场所的干燥。

(3)必须独立存放。不得与带异味的物品存放在一处,以免串味而影响了乌龙茶的独特香气。而且有机茶与常规茶产品必须分开贮藏,尽量设立专用仓库,不同批号、日期、产品应分别存放,同时还应建立严格的仓库管理档案。

(4)必须低温保存。在高温条件下,青茶容易变质,所以青茶必须在阴凉处保存。

(5)必须选用密封性能良好的容器包装茶叶。可以选用清洁的锡罐、铁罐、瓷罐、双层盖的马口铁茶叶罐来装茶,而且在装罐的时候,茶叶一定要装足够满,这样能减少内部氧气残留,最后再加盖密封,禁止有机茶产品与化学合成物质接触,或与有毒、有害、有异味、易污染的物品接触。

4. 红茶的贮藏方法

红茶属于全发酵的茶。"正山小种"由中国福建武夷山茶区发明,为世界上最早的红茶,迄今已有约400年的历史。红茶的制作是以茶树的芽叶为原料,经过萎凋、揉捻、发酵、干燥等加工工艺制成。因其成品干茶泛红,冲泡的茶汤亦以红色为主调,故名红茶。红茶的贮藏方法有以下几种。

(1)铁罐贮藏法。可以选用糖果糕点盒或者专用的双层盖铁罐作为盛器。将干燥的茶叶用自封袋包装好后装罐,盖紧即可。

(2)石灰块热水瓶贮藏法。选用内胆完整的热水瓶作为盛器,将干燥的茶叶装入瓶内,装实装足,中间间隔放入几包用白布袋包装好的干燥石灰块,能起到吸潮作用。装满后盖紧,白蜡封口,再裹以胶布。石灰块也可以用别的干燥剂代替。

(3)陶瓷坛贮藏法。检查陶瓷坛密封性能,确保完好无损后洗净、晾干,用牛皮纸把茶叶包好后放入陶瓷坛中,中间嵌放一个石灰袋,装满坛后,用棉花塞紧,然后再盖上塑料纸,并以砖头或其他重物压住。石灰隔1~2个月更换1次。这种方法利用生石灰的吸湿性能,使茶叶不易受潮,保藏效果较好。

(4)低温储藏法。先用洁净无异味的白纸包好茶叶,再包上一张牛皮纸,然后装入一个无孔隙的塑料食品袋内,将袋内空气用力挤出后用

细软绳子扎紧袋口,再取另外一个塑料食品袋,反套在第一个袋外面,同样将空气挤压排尽后用细绳扎紧袋口。包装完成后,将扎紧袋口的茶叶放在冰箱或冷库内保存。将温度控制在0～5℃,这样贮藏1年以上茶叶仍具有较好品质。

5.黑茶的贮藏方法

黑茶属于全发酵的茶,且有后发酵的过程,因其成品为黑色而得名。黑茶一般采用较粗老的叶片作为发酵原料,经过杀青、揉捻、渥堆和干燥几道工序加工而成。

黑茶的贮藏要注意以下三点。

(1)忌日晒。日晒会使黑茶氧化,产生异味。

(2)保持通风。通风有助于茶品的自然氧化,同时可适当吸收空气中的水分,有利于茶体的湿热氧化,也为微生物代谢提供水分和氧气,切忌使用塑料袋密封。

(3)忌异味。茶叶具有极强的吸附性,不能与有异味的物质混放在一起,而宜放置在开阔且通风透气的环境中。

6.白茶的贮藏方法

白茶属于轻度发酵的茶,其外形芽毫完整、满身披毫、毫香清鲜、汤色黄绿清澈,滋味清淡回甘。因其成品茶的外观呈白色,故名白茶。由于它采摘的是细嫩、叶背布满茸毛的茶叶,所以加工时不经"杀青"或"揉捻",只将其晒干或用文火烘干,从而使叶背上的白色茸毛得以完整地保留下来,这也是成品茶呈白色的原因。

白茶应在包装状态下贮存于清洁、干燥、无异味的专用仓库中,严禁与有毒、有害、有异味、易污染的物品混放,且仓库周围应无异味污染。

三 茶叶运输方式

随着基础设施建设不断完善,加上当前各种科技设施应用更为成熟,如今整个运输业已经发展形成了系统化、全面化的格局。而现代运输业在发展应用过程中,其对各项元素的综合应用价值更为突出,特别是其对整个茶叶产业发展的影响力更为全面。茶叶的运输主要方式大致分以下几种。

(1)铁路运输。其优点是运输量大,费用相对较低。但是,由于火车班次较少、需到站停靠,导致其运输速度较慢。不过这对于保鲜难度较小的茶品来说,也是较为合适的方式。

(2)公路运输。其特点是运量小,速度稍快,但是成本较铁路运输要高。这种运输方式比较灵活方便,但是,由于其成本较高,除非有货期要求,否则应尽量避免采用公路运输的方式。

(3)海上运输。这种运输方式成本最低,但是海运物资种类繁杂,其中不乏异味较大的物资,而且海运相对潮湿,所以采用海上运输方式时必须保证茶叶封装严密,集装箱内必须干燥。沿海城市可以采用这种方式,通过海运,在境外打造自己的区域品牌。

(4)航空运输。虽然这种运输方式成本最高,却是最快捷的运输方式。在速度制胜的今天,运送名优茶品到特定地区进行销售,或者开展品牌创建,航空运输也是一个重要选择。

▶ 第三节　其他农副产品

其他农副产品包括烟叶、蜂蜜、棉花、麻、蚕茧、干菜和调味品、中药

材、野生植物原料等产品。这些都是人们日常生活中必不可少的生活资料。这些农副产品的储存方法各不相同,下面将具体讲述。

一 其他农副产品的包装

1.烟草包装

烟叶的包装是烟草生产过程中的最后一个环节,不仅起着便于贮藏和外运的作用,更重要的是能保证商品质量,维护商品的安全、完整、美观,且减少浪费。因此,包装对商品来讲,不仅具有一定的经济价值,而且对加强企业管理、节约原料、降低生产成本也有着十分重要的意义。

烟草包装除金属、木质和塑料等异形包装外,其主体形式为纸基的盒、条、箱。从消费者角度出发,主要分为软盒软条、软盒硬条和硬盒硬条3种组合方式,鲜有硬盒软条形式。

最早进入国内的卷烟,先后有10支、20支盒装和50支听装三种形式。虽然后来的卷烟出现了16支、25支盒装和200支听装等形式,但20支盒装最终成为主流,这可能与其携带方便及其日消费数量有关。条装单元的数量一般为10盒,这可能与产品防护、支付便捷有关,而箱包装(俗称"件")一般采用50条。近年来,超高价位卷烟的箱装往往采用25条装,箱装的这一数量不但考虑了流通便利(贮存、搬运等),而且也考虑了厂商交割便利、销售周期的长短。

2.蜂蜜包装

蜂蜜是弱酸性的液体,能使金属起氧化反应,因此应采用非金属容器进行包装,如缸、木桶、塑料桶等。专用包装容器要彻底洗净并擦干,且不带异味。包装蜂蜜的容器不能盛满,特别是在运输时要留足25% ~ 30%的空间,以防蜂蜜发酵外溢或受热膨胀而胀破容器。包装好的蜂蜜要放在干燥、清洁、通风和无异味的室内。室温要保持在5 ~ 10℃,注意不要将盛蜂蜜的桶长久地放在露天之下。

3.棉花包装

2010年以前,我国传统的棉花包装主要用纱棉布再外加钢丝(带)捆扎。自2010年开始,我国棉花包装市场逐步尝试由过去的棉布包装转变为塑料套袋包装。用塑料套袋包装棉花不仅整齐美观、经济实惠、对使用后的废弃料回收率较高,而且还大大降低了其生产成本。另外,从实际运用来看,长途运输中塑料套袋包装完好程度高、破损少,基本无露白、无污染。对于塑料套袋的定义,《棉花包装用塑料套袋》(DB65/T 3298-2011)中规定为筒形塑料薄膜经分切后,一端封闭、另一端开口,并具有通气和防滑功能的袋体,以聚烯烃树脂为主要原料(可加入添加剂),采用吹塑法生产出薄膜,再经热合工艺制成塑料套袋。

4.蚕茧包装

蚕种必须做到包装坚固、透气性好,可使用漏空木箱及内衬纱布袋的方法包装,也可用打孔的专用蚕种包装箱,一定不能用塑料薄膜等密闭物品包裹。此外,要在包装上标注信息,蚕种包装箱上除必需的托运信息(发货人、收货人、地址和联系电话、总件数等)外,最好注明蚕种(鲜活种子)、适宜温度、防止雨淋受潮、防压、防摔、防农药毒物等相关要求和注意事项,以引起运输过程中各环节工作人员的重视。

5.干菜包装

干菜内包装采用符合食品卫生要求的塑料袋或铝箔袋包装,最大限度保持产品的新鲜度和原始状态。铝箔包装袋具有良好的阻隔性,能够很好地阻隔氧气、光线、水污水渍水汽、杂质油脂等,不仅有良好的保香性,而且可以很好地规避产品在货运途中或者使用场景中可能遇到的一些意外和导致产品腐烂、毁坏的绝大部分因素。另外,应使薄膜紧贴内容物,不得有裂口、通底、破袋或重叠封口的现象。

6.调味品包装

以食用盐为例。目前食用盐包装使用双层包装发运,其规格有25千克和50千克两种。0.5千克、1千克、2.5千克的小袋装精盐全部采用包装箱,再用规格为25千克装的无毒塑料编织袋装运。根据不同用户的需求,也有一种外层为编织袋、内层为塑料袋、规格为50千克装的包装。无毒塑料编织袋包装抗腐蚀能力强,还具有耐用、防水、质轻、成本低、回收力度较大等特点。

7.中药材包装

一般药材多使用麻袋包装,其中有的药材(如蒲黄、松花粉、海金沙)需内衬布袋。矿石类、贝壳类药材使用塑料编织袋包装;贵重药材(如人参、三七)、易变质药材(如枸杞子、山茱萸)、易碎药材(如鸡内金、月季花)需用玻璃器皿做内包装的药材,宜选用瓦楞纸箱做包装,箱内多衬防潮纸或塑料薄膜,箱面涂防潮油或箱外裹包麻布、麻袋,再用塑料带捆扎;质地轻薄及受压不易变形、破碎的药材,宜选用打包机压缩打包。压缩打包件外可选用麻布或粗平布、塑料编织布裹包,有的药材需内衬防潮纸(如莲须、藿香),质地柔软的花、叶、草类药材,还需在包外加竹片或由荆条、紫槐条制成的支撑物,包外用麻绳、棕绳或铁丝捆扎;另外,易破碎的药材应装在坚固的箱(盒)内;珍贵中药材、用于麻醉的中药材、有毒中药材应分开进行特殊包装,并在外包装上贴上相应明显的标志。

二 其他农副产品的贮藏

1.烟叶的贮藏

烟叶的储存,分为仓库储存和露天货场储存。

(1)仓库储存。烟叶仓库应设置在地下水位低、地势高燥、通风良好、四周排水畅通、交通便利、周围无污染的地方。

（2）露天货场储存。露天货场应地势高燥，地面平坦，排水方便；货位垛基高0.3米以上，垛基上铺垫石（木）或空心水泥砖，高0.2米以上；货场的每个货位宽3.5～4.5米（长度可因地制宜），垛向南北（侧面积小的向北），垛距1.5～7.0米。

2.蜂蜜的贮藏

蜂产品主要包括蜂蜜、蜂王浆和蜂蜡。蜂蜜中含有很多营养元素，而且还可以当作药用、美容养颜的化妆用品。蜂蜜保存过程中应注意以下事项。

（1）选用适宜的储存容器。蜂蜜是弱酸性液体，应采用非金属容器，如缸、木桶、无毒塑料桶等进行储存。在蜂蜜产量较高的地区，可建立储蜜池。储蜜容器要清洁卫生，储蜜前要彻底洗净、擦干，使它不带异味。储存蜂蜜时容器不能装得过满，特别是在运输时容器要留出25%～30%的空间，以防蜜汁发酵外溢或受热震荡时胀破容器，造成损失。蜂蜜要放在干燥、清洁、阴凉、通风和无异味的室内，室温保持在5～10℃。

（2）分品种储存。我国各地蜂蜜种类不一致，同一地区也有不同品种，不同蜂蜜有各自的颜色和风味，因此，要注意将不同品种的蜂蜜分开储存。

（3）保持洁净。蜂蜜中常含有花粉块、蜡片、蜂尸及灰沙等，可将蜂蜜放在较高的大桶内，静置于温度较高、干燥的室内沉淀。

（4）防止发酵。蜂蜜内常有酵母菌存在。不成熟的蜂蜜含水量大，最适宜酵母菌的生长。因此，蜂蜜在储存之前需加以处理。方法：将蜂蜜盛入大口容器内，敞开口，放在干燥、通风、温度在25℃以上的室内静置数天，蒸发掉多余的水分，待完全成熟后再储存。

（5）防止吸湿吸味。由于蜂蜜吸湿力很强，所以储存蜂蜜的容器要密封，并置于干燥通风且温度为5～10℃的室内。室内不可放置有强烈

气味的物品,防止蜂蜜吸收异味。

3.棉花的贮藏

棉花是制作棉线等产品的重要原料来源,人们穿戴的衣物很多都离不开棉线。棉花在储存的过程中一定要注意防火、通风、防潮、防霉变等,特别是防火,棉花的储备库应是特级防火单位。

棉花应存放在专业的棉花储备库内,目前国内的棉花储备库房有砖混仓和钢板仓两种。在库内棉花应堆垛存放,在库外存放要盖苫布。棉垛下要打好垫基(枕木或石块),堆垛时应平放,上下层交叉压缝。垛与垛之间应留出必要的通道。棉花库区要设立气象观测百叶箱,每栋库房都要配备温湿度计。

棉花在正常的储存条件下,保质期较长,但由于棉花内含有一定的水分,在高温的情况下,尤其是温度超过35℃时,颜色可能会发生变化,出现自然变异,进而影响棉花的品级。

4.麻的贮藏

麻具有与众不同的特色,用麻制作的织物穿起来凉爽、透气。麻一定要储存在干燥、通风、温度适中的地方。防止受潮,否则会变质,变得没有韧性和弹性。

5.蚕茧的贮藏

保管茧架:在库内要设置保管茧架,茧架上要平铺铁网,铁网距地面要在1米以上;要把蚕茧平摊在铁网上面,放茧的厚度为15~20厘米,并且要整齐堆码;茧架离墙的距离为0.7米,并且茧架之间要留出通道;定时翻茧、换气;在茧的上面覆盖塑料薄膜,防止落入灰尘。

保管条件:放蚕茧的库内要保持清洁卫生,通风良好;要在茧的上面定点放入防虫药剂,防止蚕茧遭到虫害;要在地面定点放置鼠药,以防止鼠害;保管温度以自然温度为主;还应随时抽查、守护。

6.干菜和调味品的贮藏

（1）银耳的贮藏。银耳宜放在洁净，干燥，能密闭的坛、罐、瓶等器皿内，置干燥、通风的地方储存。如果发现银耳受潮变软，应及时取出放在通风处将其吹晾、阴干，仍存放在密闭的器皿内储存。切忌将受潮变软的银耳放在日光下暴晒或用石灰吸潮。

（2）生姜的贮藏。生姜属于调味品，一般是不需要大量使用的，所以很容易出现一时吃不完的情况，储存不当很容易干瘪。一种贮藏方法是先将生姜洗净，晾干后埋进盐罐或盐缸即可，这样可以长时间地有效防止生姜变坏。还有一种方法，那就是用一个盆子，底部垫上一层沙子，上面放上生姜，再用沙子将生姜埋好，经常往沙子上洒些水，使沙子呈微微潮湿的状态，这样贮藏的生姜可以保鲜半年以上。注意，沙子不能太干但也不能太湿，否则生姜容易发芽。

7.中药材的贮藏

中药材储存不当可引起酶解、霉变、虫蛀、变色、挥发油散失或走油等，运输途中遇水、暴晒、污染等，均能导致药材变质，从而影响或失去疗效。

可根据中药材商品的性质、经营品种多少、储存量大小和仓库实际储存条件等来区分贮藏方式。一般按药材的性质分类:植物类药材量大，应重点养护易虫蛀、霉变、泛油、变色的品种，如党参、当归、黄芪、甘草等。储存仓库应选择建筑结构良好、干燥、凉爽、整洁，且具备药剂熏蒸条件的仓库，有条件的还可改建为密封仓库、气调仓库、低温仓库等。动物类中药材易虫蛀、泛油，宜采用小库房专储，条件要与密封库相似。矿石、贝壳类药材可在条件一般的仓库或露天货场储存。

8.野生植物原料的贮藏

储存保管好药材种子，是确保来年丰收的一项关键性措施。

(1)把好水分关。药材种子含水量多少,是决定种子能否储存及储存年限的重要因素。药种含水量过多,易发热,会导致捂种、霉变、消耗养分过多等,直接影响种子的发芽率和活力。

(2)把好纯度关。药材良种要单收、单打、单晒、单独储存。晾晒时要当场晾晒,不要与其他品种的种子同场晾晒,以防混杂。

(3)把好存放关。药种储存量大时,要选择清洁、干燥、隔热、通风、防潮等条件好的专库储存。

(4)把好温度关。温度是影响种子新陈代谢的主要因素。储存的药种不宜暴晒过度,同时切忌在水泥地面和铁板上晒种,因温度太高,易将种子烧坏。高温晾晒过的种子,要在傍晚降温后再入库。

(5)把好湿度关。药种储存期间,常会遇到多雨、高温、高湿天气。高温高湿会加强种子的呼吸作用,微生物极易在种子堆内繁殖,引起药种发热霉变,以致丧失种用功能。

(6)把好防鼠防虫关。药农储存的种子如数量不大,可选用水泥缸、瓷缸储存,可起到防鼠防虫的作用。整个储存期间,一定要定期检查,尤其3月份以后,气温回升,发现害虫应立即采取有效防治措施。

(7)把好管理关。一些药种储存期间,正值多雨高湿季节,极易引起药种吸潮并发生霉变。储存期间要定时检查,检查的重点是温度和湿度。

三 其他农副产品的运输

1.烟草的运输

实际生活中,烟草专卖品主要的运输方式有以下几种。

(1)自运。指的是烟草专卖品的所有权人或占有人自驾车或者雇用车辆实施运输的行为。通常情况下,货物的所有权人或占有人与运输车辆同行,即人货不分。烟草专卖法律规范与政策未对自运限量做出明确规定,一般认为应当与国务院烟草专卖行政主管部门规定的携带限量相一致。

(2)携带。指的是烟叶及烟草制品的所有权人或者占有人以人货同行的方式将烟叶及烟草制品从一地带往另一地。目前,国务院烟草专卖行政主管部门规定的异地携带卷烟最高限量为每人次1万支(50条)。

(3)邮寄。指的是烟叶及烟草制品所有权人或者占有人通过邮局将烟叶、烟草制品从一地寄递到另一地,属于人货分离的运输方式。根据国家烟草专卖局、原邮电部的规定,邮寄卷烟、雪茄烟每件以2条(400支)为限(二者合寄时亦限2条);邮寄烟叶、烟丝每件以5千克为限(二者合寄不得超过10千克)。同时,每人每次限寄一件,不得一次多件或多次交寄。

(4)托运。指的是烟草专卖品所有权人或者占有人委托快递企业及公民、法人或者其他组织将烟草专卖品从一地运往另一地。现行烟草专卖法律规范和政策均未规定托运的数量,鉴于通过快递企业托运与邮寄的属性基本相同,且快递企业亦归属于邮政部门管理,实践中通常将烟叶、烟草制品邮寄的限量规定适用于托运行为。

2.蜂蜜的运输

运输蜂蜜的工具要清扫干净,装运过有毒物品及畜产品的车船必须刷洗并消毒,否则不得运输蜂蜜;蜂蜜不得与有异味或有毒物品同运。运输前做一次认真检查,要求桶盖盖牢无渗漏现象,标签牢固且标注清楚。在运输途中要避免日晒雨淋。

3.棉花的运输

棉花的运输应注意以下几点。

(1)要防止棉花受到水浸和污染。

（2）棉花运输要货证相符、货证同行。即同一批棉花和表示其质量凭证的检验证书要相符合，不允许发生张冠李戴的情况，棉花检验证书要与货物随车同行，或者采取电传、特快专递等其他方式，保证货到证到。一批棉花原则上不得分开装运，如因运输工具等特殊原因确需分开装运的，原来的检验证书要分开。不管分开几批装运，每一批都要分别抄码。各自的检验证书，除公定重量与原检验证书不一致外，其他检验项目的结果与原检验证书均相同，并在证书和重量码单上注明。同一车（船）内装有不同批次等级的货物时，要做到不同批次等级分舱、分层装运，以方便卸货和防止混批。

（3）在中转环节，供、需双方不得更改包装和质量标识，不得伪造或变更检验证书，否则按国家有关规定处理。这里只规定"供、需双方"，专业纤维检验机构在中转环节可以进行监督检验。